学霸不必赢在起跑线

方兆怡◎著

On Starting Line
READY GO

上海交通大学出版社
SHANGHAI JIAO TONG UNIVERSITY PRESS

内容提要

从古至今，天下父母对于下一代的期望都是相同的，期望孩子拥有一个幸福美满的人生！本书作者对两个儿子尚文和润文，也有着同样的期望。经过20多年的付出，尚文和润文总算不负所望，进入美国排名前十的高校和常春藤学府——美国斯坦福大学商学院、宾夕法尼亚大学和卡耐基梅隆大学，并顺利毕业，事业也有了根基。在家中，作者坚持严格执行规律的生活作息，培养孩子专注、自律的品质以及面对生活挫折的勇气。同时克制提供丰盛的物质生活和条件给孩子，让他们从小拥有渴望和正确的金钱观。在小学阶段，他们有幸分别遇上两位优秀的老师，对他们悉心关照。在书中，作者分享了个人养育孩子的经验，也反思了错误的育儿方式，期望父母们相信自己，用个人独特的育儿方式去培养孩子成才。

图书在版编目(CIP)数据

学霸，不必赢在起跑线／方兆怡著．—上海：上
海交通大学出版社，2018
ISBN 978-7-313-19522-7

Ⅰ．①学…　Ⅱ．①方…　Ⅲ．①少年儿童－家庭教育
Ⅳ．①G782

中国版本图书馆 CIP 数据核字 (2018) 第 123860 号

学霸，不必赢在起跑线

著　　者：方兆怡

出版发行：上海交通大学出版社　　　　　地　　址：上海市番禺路 951 号
邮政编码：200030　　　　　　　　　　　电　　话：021 - 64071208
出版人：谈　毅
印　　制：上海天地海设计印刷有限公司　　经　　销：全国新华书店
开　　本：880mm×1230mm　1／32　　　印　　张：4.625
字　　数：64 千字
版　　次：2018 年 10 月第 1 版　　　　　印　　次：2018 年 10 月第 1 次印刷
书　　号：ISBN 978 - 7 - 313 - 19522 - 7／G
定　　价：48.00 元

谨以此书献给两位尊师：

感谢罗利·麦克劳老师（Ms. Lorriane Mclouglin），培养熊尚文的自信心

感谢格罗·金老师（Mrs. Gloria Kim），纠正了熊润文拖拉的毛病

活跃的童年

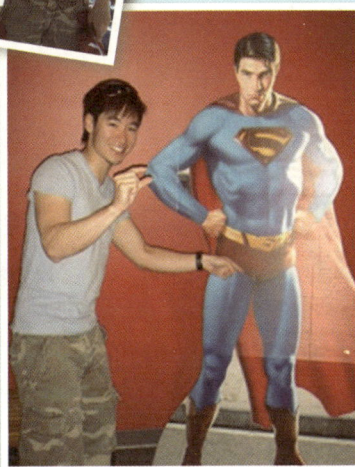

自序　天下父母心

从古至今，天下父母对于下一代的期望都是相同的，期望孩子拥有一个幸福美满的人生，事业有成，过着丰盛和安稳的生活，活得精彩和幸福。我和熊崇义对我们俩的儿子熊尚文和熊润文也有着同样的期望。尚文和润文的求学之路充满挑战，如今回想起过程中的点滴，就像电影画面一样浮现在眼前。经过20多年的付出，尚文和润文总算不负我们所望，进入美国排名前十的高校和常春藤学府——美国斯坦福大学商学院、宾夕法尼亚大学沃顿商学院和卡耐基梅隆大学电子工程学院，并顺利毕业，事业也有了根基。

在家中，崇义和我坚持严格执行规律的生活作息，培养孩子专注、自律的品质以及面对挫折的勇气。同时我们克制提供丰盛的物质生活和条件给孩子，让他们从小拥有渴望和正确的金钱观。在小学阶段，他们有幸分别遇上两位优秀的老师，对他们悉心关照，及时弥补了尚文的缺点，改正润文的陋习，尚文的数学潜力得到了发掘，语文水平得到了提升，润文做事拖拉的坏毛病得到了纠正。尚文和润文对自己订立高期望并付诸行动，在学业和事业上取得的成果，这凝结了我们和老师多年的心血。其实，我们也曾采用错误的育儿方式。期望这本书的出版能帮助天下的父母找到个人育儿的独特方式，培养自己的孩子成才。

随附尚文和润文的成长简历

熊尚文

1980 年出生于加拿大多伦多

2002 年美国宾夕法尼亚大学毕业

　　获本科双学位：沃顿商学院及计算机系

2008 年美国斯坦福大学商学院毕业

　　获工商管理硕士学位（MBA）

熊润文

1983 年出生于加拿大多伦多

2006 年美国卡耐基梅隆大学毕业

　　获电机工程学士及管理资讯系统学硕士

2012 年美国斯坦福大学商学院毕业

　　获工商管理硕士学位（MBA）

目　录

第一章

赢在起跑线的心魔

一、 起跑线的根源

"养儿一百岁，长忧九十九"，中国流传千年的一句俗语道出了养儿育女的艰辛。孩子成长的道路因人而异，每个孩子的性格、体能和成长的社会环境，时势机遇都各不相同。在信息泛滥的今天，从孩子出生的一刻，一股巨大的育儿竞争和压力就无声地冲向年轻的父母们。

时下网上的新闻、电视剧集、教育栏目或各类的儿童产品广告总是充斥着怎样把孩子送进名校入读等话题，"赢在起跑线"、成功的虎爸虎妈、名校的排名榜、名校学区的房价这一类字眼一经出现就会引起父母群的高度关注。这类信息不断涌来，父母们自然就会被灌输这一思想，期望孩子从幼儿园、小学扶摇直上至名中学，顺利考至国内或世界高等学府；大学毕业后被名企业招揽，事业一帆风顺，平步青云。似乎从孩子出生那天起，父母们便开始进入一个育儿的竞争赛道。

就拿购买婴儿生活用品和食品来说，无论价格多高，父母都舍得花钱买。家长们被教育网站、杂志、课外课程机构发布的文章和每年定期举办的所谓"教育产品与服务的博览会"灌输了"赢在起跑线"的观念，不能输在起跑线的心魔渐渐埋在心底。这几年教育产品和服务五花八门，家长唯恐自己孩子落后于他人，争相去报读热门课程。目的是提升孩子被名校录取的概率和将来的竞争能力。

除了在教育产品和服务上的花费外，父母们甚至购买天价的学区房。这些都是为了让孩子在激烈的竞争中得到名校赏识和拿到入读名校的入场券。可见，当今父母所承受的精神和经济压力可真不小啊！

名校的优势在于具备经验丰富的师资、成熟的教育方式，学生也多是来自于中高收入的家庭，孩子毕业之后再乘着名校的翅膀腾飞，能够实现远大前程。随着社会经济的迅猛发展，父母们都意识到名校的优势，不惜一切代价为孩子提供进入名校的物质条件。近年来，申请入读这些名校的学生也呈几何倍数递增，竞争变得越来越激烈。

然而，进入各地名校的门槛越来越高，尤以小学、中学为甚，全世界皆如此：北京的中国人民大学附属小学、附属中学，上海的复旦大学附属小学、附属中学等；香港的圣保罗男女中学、拔萃男书院、拔萃女书院等；英国的伊顿公学、哈罗公学、美国的菲利普斯安多佛中学、菲利普斯埃克塞特中学等，加拿大的上加拿大学院、圣乔治中学等名校,都有着很高的门槛,录取的学生大部分来自社会的精英家庭。

名校又怎样从众多申请者挑选符合资格的学生呢? 这些名校的申请表上需要填写孩子能说、能听的语言以及音乐、舞蹈、体育等特长,同时也要求父母呈上两人的教育背景、职业简历和家庭地址。名校通过高标准的面试门槛去选拔符合要求的学生,面试的评分其实是给家长一个确切的答案,让父母接受不获录取的结果。2016年9月,媒体报道香港的一所名校的小一招生程序,首轮面试1 800余名申请者全部获得面试,副校长和主任会与学生们交谈和安排集体游戏,过程中评估学生的社交与解决问题的能力,从中选出300名学生参加第二轮面试。第二轮面试是评估学生的两文三语能力,而校长会与这三百名家长交谈,目的是评估家长的教育水平和经济背景。

那些获得录取学生的家长当然沾沾自喜,那些不获录取学生的家长则感到沮丧,觉得自己与孩子多年所付出的努力、时间和金钱都白白浪费,认为自己的子女没有别的孩子强,不具备入读名校的资格。

英语百科全书、拼音闪卡和故事书、中国语文,数学习作等因此都非常热销。补习课程如香港公文补习社(Kumon)的中小学数学班、奥数班;兴趣班如计算机编程、英语会话、舞蹈、乐器班等都大行其道。

家长内心的矛盾

2016 年 8 月 8 日，香港中文大学的一份研究报告说道："家长对'赢在起跑线'的观点内心充满矛盾，一方面希望孩子每天生活愉快，没有压力地学习，但是另一方面却认为孩子如果不参加众多同龄儿童组成的课程补习班和兴趣班，就会失去入读大中小名校的机会，从此便会输在起跑线，将来的事业前途一定不会如意。""赢在起跑线"的观念已经植根在全世界父母的心中，有的甚至把起跑线的起点推前至几个月大的婴儿，给他们报读各式各类的兴趣班、语言班来提升他们的竞争力和入读名校的概率。

二、 克服未赢的心魔

尚文、润文，他们俩年少时没有赢在起跑线，入读的小学、中学并非名校，也从未报读语文、数学或其他学科的补习班，只是参加过球类、游泳、溜冰等兴趣班。我从来不刻意安排他们进入名校，选读学校的标准是该学校是否为小班教学，是否注重德行纪律，每年的学费和费用我们是否能承担。

当时我们朋友的子女个个入读名校，其实我们内心都有点忐忑不安,老是害怕自己孩子落后了。后来我们想通了,尽量不让自己的心魔长出来,尽量不贬低尚文、润文的能力,我们需要做的是尽好做父母的职责,悉心照顾他们的起居饮食,尽一己之力培养他们成才。

尚文、润文都不是什么学霸。尚文在小学时是一个学习成绩中等的学生,中学的成绩也只是中上;润文体弱多病,从小就有偏头痛、哮喘、湿疹,加上有口吃,更不幸在七岁时遇上车祸,左小腿骨折,童年生活跌跌撞撞。但是尚文、润文和我一样都没有放弃梦想,一起面对困难,一步一步克服他们成长路上的荆棘。

名校不等同于事业的金字招牌,从此顺风顺水,功成名就。求学只是孩子人生旅途的一站,所谓"条条大路通罗马",经验告诉我:"起跑线之后的长跑才是最重要。"家长们需要克服自卑的心魔,无须过分看重"赢在起跑线",要相信自己,更要相信孩子。

在深入谈论本书话题之前,让我简单地介绍有关我的孩子、崇义和我的背景资料,使读者容易理解他们的蜕变。

第二章

回顾过去

一、 现代移民的故事——回流

说起尚文、润文的出生和成长环境,就不得不提到我们一家的移民之路。当代移民已不再是从亚洲国家移民至欧美加澳,而是反过来从欧美加澳回流至亚洲。尚文和润文的父亲、我的先生——熊崇义,经历了以上两次移民潮。崇义 15 岁时跟随父母从香港移民至加拿大,分别在加拿大、美国接受中学和大学教育,毕业后在加拿大一家跨国石油公司工作。他在 42 岁那年,为了谋求事业发展,从加拿大回流到香港。

当初崇义的父母为了下一代能接受国外更好的教育,毅然放弃自己在香港的事业,在 1965 年全家移民到加拿大,一切从零开始。崇义的父母一直希望崇义留在加拿大工作,待在他们身边。

因缘际会,世界政治与经济的变幻驱使崇义加入从加拿大回流至香港的大潮。大学毕业后,崇义开始在加拿大一家跨国石油企业工作，前六年每两年都晋升一个职位，直到 20 世纪 80 年代末至 90 年代初，因为伊拉克战争突然爆发，石油价格飞升导致世界经济陷入危机，下游炼油工业的利润连续 10 年暴跌。他所在的公司营业额大幅下滑，停止一切的投资和扩充，崇义连续 4 年处在同一职位，他开始对自己事业发展前景感到不满。

大多数外国企业都在暗地里设置"种族天花板"制度，来限制非白种人晋升到高级管理和决策层，崇义也遇到这种障碍；无论工作怎样勤奋，表现再怎么出色，每年工作的评估报告，上司对他的工作表现总是有所保留，拿不到最高的评级。在公司日常运作中，也经常受到同辈的暗地歧视和不配合，时常不服从他的指示。

最后促成他决心回流香港的契机是 1993 年英国签订香港回归中国的协定，跨国企业改变了管理的策略，打破了英国高管为香港华人而设的"种族天花板"。香港回归之前，大量在香港注册的海外公司为了提前适应 1997 年后香港政治身份的转变，开始招募本地和海外华裔管理人员担任企业集团主席和高级管理职务，因此高管的职位出现很多空缺。

就在 1992 年圣诞节，我们在香港探望我父母期间遇上了雷桑田先生，他是一家英国化工企业的总裁，力劝崇义在香港谋职发展，理由是香港是世界各国大企业进入中国市场的第一站，这些企业求贤若渴，尤其青睐有海外机构管理经验且能说英语、粤语和普通话的人才。

雷先生为崇义介绍了一位颇有名气的猎头顾问,他人脉丰富,深信崇义的学历和工作经验是无可挑剔的,能在这些国际大型企业接受过最严苛的职场考验,站稳脚跟绝对不容易。所以他极力把崇义推荐给一家公司的总裁,经过 3 轮面试,公司抛出橄榄枝,崇义顺利成为该公司的一个部门总监。

1993 年 8 月 30 日,满怀着对未来生活的向往,我们登上了前往香港的航班,回流香港。

二、 搬家的第一、二站

我们两次搬家的原因都是因为崇义的工作岗位调动,搬家也直接影响了尚文与润文的学习。

1. 搬家第一站

我们第一次搬家是在 1992 年,从加拿大多伦多市迁到温哥华市。

孩子的新学校是一所由基督教会管理的私立男校——"温哥华天主教中小学学校",学校课程根据加拿大教育体系制定,与他们之前在多伦多万应圣母小学基本相同,两个孩子迅速适应了新环境。尚文在小学六年级时已经修完初中一年级的数学,在初中一年级第一个学期,尚文经过测试获准选修初中二年级的高级代数课。当时,尚文信心爆棚,每次他上数学课,都要离开自己的教室到初二教室上课，引起同年级同学的关注，对这位新来的学生另眼相看。学年结束的时候，尚文的全部科目成绩平均分(GPA)在初一班级里排第三名，高级代数课和英语文学也取得了甲等成绩。而润文上小学四年级，未遇上任何困难，所有科目成绩都在 90 分以上。

他们顺利适应了新学校的环境，对自己的学习能力都充满自信。

2. 搬家第二站

第二次搬家是在 1993 年，我们从温哥华回流到香港。

尚文、润文没有中文的底子，因此无法就读于香港本地的中小学，唯一的选择是国际学校。所入读国际学校的课程设置是按照美国教育体系，因为加拿大与美国的课程程度不能衔接，尚文一下子适应不来，这是他学生生涯中第一次遇到难关。初中二年级的成绩一落千丈，在班级的排名基本垫底。

在初中二年级到初中四年级，尚文再也不是班级里的优秀学生，他学习高级代数和英语文学十分吃力，这两门课的成绩总是刚刚合格。这一学年他自信心备受打击，从一个公认的数学天才变成为一个数学庸才。最令人震惊的是英语文学老师的评语说尚文现在的写作还达不到初中二年级英语文学班的水准，提议让他转读英语非母语班级上课。我无法理解尚文在初中一年级时英语文学的成绩是甲等级，为什么一下子会沦为丙等级？这样的经历让尚文的信心跌至谷底，昔日乐观的微笑也从脸上消失了。

　　而润文的问题不止在适应课程方面,还有来自同学、老师和家长的歧视。这些问题一直伴随着他从加拿大至香港。润文从出生起就有湿疹、哮喘、偏头痛和口吃,来到香港也是如此。因为有湿疹,润文脸上和四肢都经常长着红色的斑块,瘙痒难耐,他总是像猴子一样,不停地挠,没法安静超过五分钟。很多学生都不愿意与他交往,老师和家长都用异样的眼光看待他。这些歧视让润文心理受到很大打击,试问哪一个孩子不想得到同辈的认同,和他们打成一片呢?

　　环境的改变给尚文和润文带来了挑战,他们都没有被面前的困难吓倒,也没有放弃自己。

三、 启蒙学校

　　人类的智慧都是从学习和生活经验中一点一滴累积的,小学的 6 年光阴是启蒙最重要的阶段,奠定了孩子语言表达和思维方式的基础。启蒙学校的重要性从中国人耳熟能详的故事"孟母三迁"就可以体现出来,孟母为了给万子上优秀的学堂,不惜三迁居所。

1. 奥瑞欧幼稚园

尚文从 3 岁开始就读于一所离家不远的私立幼儿所——

"奥瑞欧幼稚园"，它坐落在一座基督教堂的地下室。入读前他的英语会话能力几乎是零，只会简单的日常用语。在幼儿班，老师都是按照学生的能力因材施教，没有家庭作业，只是听故事、唱儿歌、做手工艺，进行户外游戏等。尚文没有英语基础导致他比较寡言，与同学沟通时只能用单个的词或简单的词组。直至尚文升读小学的时候，我们认为需要为他选择一所合适的学校来弥补他在英语会话方面的不足。

我们的情况又有些特殊，我与崇义是移民至加拿大的第一代，我们的思维不像一般的中国移民一样要求孩子在家说中文，保持中国传统礼仪，反而我们深信既然选择移民他乡，必须要在加拿大落地生根。早一点让下一代融入主流社会，让他们与加拿大孩子交朋友、并肩成长，拥有加拿大人的说话口音、言行和举止，也不易受到歧视和排挤。所以我们挑选小学的第一标准是学校生源大部分为本土加拿大白人，其次才是学校的排名。

2. 上加拿大学院

按照以上的条件，我们仔细考察了社区的学校，挑了三个备选。排名第一位是"上加拿大学院"，它是多伦多一家极具名气的私立男校，毕业生多是加拿大有名的政客和专业人士。但是它的学费昂贵，超出我们每月的支出预算，更何况我们有润文需要考虑，所以打消了这念头。

3. 布朗法语小学

排在第二位的是一所很受专业人士欢迎同时也很时尚的公

立学校——"布朗法语小学"，从第一至第三年级所有课程都用
法语授课，直到四年级才加入英语作为第二语言科目。学校设
备现代化，校内还有室内游泳池、田径场。中产阶层的家长都争
先为孩子报读这所学校，大家认为该校提供六年法语和英语的
基础教育，能用双语沟通和表达，在未来工作中将更具竞争力。
在这个想法的影响下我们也蠢蠢欲动。

"布朗公立小学"有名气且受家长欢迎，但其实不是一所适合
尚文的学校。第一，我们考虑尚文的基本情况，如果从小以法语
为学习语言，不利于他英语水平的提高，可能影响他日后英语会
话和写作的能力，限制他对其他科目的兴趣；第二，在那一年，布
朗法语小学报名人数创下历史新高，因为教室不足以容纳一年级
学生上全日制班，遂把小学一年级分为上下午班，尚文被安排在
下午班，每天上学半天；第三，班级人数多，每一个班级有 30 多
人，一个老师面对一群不懂法语的孩子恐怕无法因材施教，尤其
是教导像尚文这种母语不是英语的学生。最后我们毅然放弃了
"布朗法语小学"的录取，锁定了第三选项"万应圣母小学"。

4. 万应圣母小学

"万应圣母小学"是一所天主教教会的公立学校。学校校舍
的内外设备陈旧，校园的操场是坚硬的水泥地面，基础玩乐设施
很简陋，但环境还算清幽。吸引我们选择这所学校的主要原因是
它以英语授课为主，坐落在犹太人和白人社区，新移民学生只有
寥寥几个。每个班级都不超过 20 人，全校只有 125 名学生左右。

事实证明，我们的选择是正确的，因为班级人数少，老师都记得每一名在校学生的名字，学生能获得校长和各级老师的关注。而且在这所竞争比较小的学校学习，尚文可以打好英语的写作和会话基础，拉近他与同学的学习水平，以致在同学面前不会感到太自卑。

四、 选择学校的标准

选择一所好的学校给子女是父母最操心的事，我建议父母应该从三方面考虑：家庭经济条件、孩子学习的基本能力和学校的教学风格。

父母选择合适的小学、中学给孩子，需要考虑家庭经济条件，孩子语言和学习的基本能力，以及学校的教育理念和老师对学生的关爱程度。我们无须介意孩子在一所普通或没有名气的学校学习，因为对孩子的前途不会有深远的影响。

学校不是人生输赢的起点，只是孩子学途的一站。该阶段最重要的是给孩子提供基础教育——提高孩子的语文写作、口语表达能力、基础数学能力，对人、社会和事物的认知能力，为日后打下基础。人际交往能力和学习能力就像是人生的地基，地基牢固的孩子，就会像一颗矮而强悍的树，遇到强风暴雨，也不会像高耸入云的大树那样容易倒塌。

很重要的一点是，让孩子拥有渴望，由他自己推动去完梦。

父母亲的基本功

育儿是一个漫长的过程,父母需要做好准备,明白做父母的职责。策划孩子未来的生活,父母需具备五项的基本功:第一,对孩子的承诺;第二,对孩子的关爱;第三,红脸与白脸;第四,体罚和呵斥孩子;第五,正面与负面的育儿方式。

一、 对孩子的承诺

尤记得尚文裹在一条蓝色毯子里,被护士抱了出来,我和崇义看着刚刚出生的孩子,不得不感叹人的生命本身就是一个奇迹。我们的视线离不开尚文,聊天的话题也都是围绕着他的每一个表情、每一个动作展开。最开始照顾尚文时,我们手忙脚乱,很紧张,直到他日常饮食和睡眠习惯稳定下来,我们生活的节奏才渐渐回归常态。

孩子的出生就等于生命的延续。我们都知道童年的经历会给人的一生留下烙印,父母的教育方式对子女自我评价和观人评事有着深远的影响,塑造了孩子的认知和人生观。

我自己的成长路，就有着一些不愉快的经历和成长的缺陷。当尚文来到这个世界，我警示自己，不能延续我自身的缺陷到儿子身上，不要让他在生命路途中迷茫，要让他尽早洞悉自己的人生目标。

初为人母，毫无经验，很容易重蹈上一代养儿方式的覆辙。为了不让孩子绊倒在我的老路上，我钻研出了一套幼儿教育的系统。

我深信孩子年少时就像森林里的一棵小树苗，培植时需要肥沃的土壤；父母就像农夫，日复一日地守护着这棵小树苗，每天适量浇水、施肥和拔野草，直至它根茎强壮。希腊著名哲学家亚里士多德说："人本身的基本条件大部分是随机产生的，并非出自我们的选择。"我的理解是每一个人的命运机缘不是由个人选择的，大部分取决于个人先天条件加上后天的培养和机遇。作为父母，既然我们无法改变孩子的先天条件，那么我们只能在后天为孩子补救。

我对孩子做出承诺——他们生命中永远有父母的爱作后盾，让他们内心有爱，没有疑虑，有勇气打造一片属于自己的天地。是的，爱是一种本能，但如何去爱，方式需要与时俱进，需要不断观摩和练习。

二、 对孩子的关爱

孩子的情商和性格从他们出生就开始时萌芽，通过与父母和其他人的接触,产生对自身的评价。初生婴儿与父母的关系是在互动中产生的。在他们没有掌握语言能力之前,哭啼是幼儿提出要求的信号,这是孩子与父母交流的一种方式。因此父母从这一刻开始应该对孩子的哭啼重视,不要忽略他的要求。当尚文和润文哭啼的时候,我会尝试去安抚他们,找出哭啼的原因。

日常照顾孩子的责任落在我身上,当时最流行的一本育婴指南是由美国作家本杰明·斯伯克撰写的《婴儿及儿童护理》。我就跟着书中的理论按部就班,来照顾尚文和润文。在孩子面前,我与崇义说话时都是放低声量,用柔和的语调说话,加上文雅的动作,让他们的情绪安定。我们的贴心照顾传递了正面的信息,让他们感受到我们是何等重视和关爱他们。因为建立了信任,他们不会随意大声哭啼,哭啼一两声后便耐心地等待我们的安抚,面容也经常挂着笑容。

润文的经历有些特殊,由于他患有湿疹以及对奶类敏感,经常皮肤干燥发痒和消化不良,导致他晚上无法安然入睡。他身体的不适导致他没有安全感,因此短暂的睡眠醒来,他就放声大哭,只有抱着他,他才会停止。为此,我失去了连续性睡眠的习惯,每次连续性的睡眠都不超过两个小时,三四年每天都是过着这样的生活,简直累坏了。但是我在想,孩子是自己带来这个世界的,我们得担起这个责任照顾他、爱他。

虽然润文的性格比尚文急躁,但他儿时没有因为身体的病痛受到我们的埋怨和任何不公平对待，相反我对他关注更多，希望长大后他像尚文一样能从容面对生命中的波折，抱着乐观的心态生活。

父母很多时候有育儿误区，认为不要经常回应孩子的诉求，哭啼或喧哗是培养孩子刚强性格的手段，其实这是适得其反。如果父母经常对孩子的诉求毫无反应，长期大声呵斥或不理孩子心中的不忿，让孩子长时间哭啼，他最终会对父母失去信心，知道自己不受重视；往后他只会采用两种方式来提出要求：开始时大哭大闹，如果还是得不到回应，他会变得暴躁或沉默，这将会变成日后亲子关系的绊脚石。

孩子从婴儿时期开始，就开始闹情绪和提出要求。父母除了要悉心照顾他们，还需要及时梳理孩子的情绪，腾出时间与他们对话，一起玩耍，使他们知道父母是成长路上最可靠的陪伴。

三、 红脸与白脸

培养孩子的自律性，需要父母一方唱红脸，一方唱白脸。我和崇义在教育孩子的时候，也遵循了"阴阳互补"的法则，崇义是宽容的父亲，而我是严格的母亲；崇义习惯满足孩子的要求，而我为他们定规矩、立期望，监督他们遵守和完成。这样，孩子的生活更具有可预见性，情感上有充分的安全感。

在孩子面前,父母最好预选一个角色:一方做白脸,一方做红脸。哪一位适合做白脸或红脸的角色可以按照两人的性格来安排,如我性格比崇义严肃,正好就是家里的白脸。而崇义的性格随和,喜欢开玩笑,正好唱红脸。而且执行前,我们事先协商一致,共同为孩子们订立纪律和每天活动的时间表。

1. 白脸

白脸这个角色就是管教孩子,约束和监督孩子的行为,给孩子提出要求,并且贯彻执行。我每天就像看守羊群的牧羊犬一样执行纪律。要达到预期效果,第一步,我会在每天晚餐时告诉孩子第二天的活动安排,让他们有心理准备。第二步,在当天早上再提醒一次他们的安排,监督他们按照计划的时间行事,直到他们完成为止。

孩子天生好动,不会事事服从,并经常挑战父母和老师的权威,尝试摆脱预定的安排,所以我很少随意改变时间和计划,让他们习以为常,让生活的纪律变成习惯。

难点是不单要规范尚文和润文,同时也要规范崇义,因为需要他的配合才可以成事。如每天下午 6 点至 8 点,必须停止观看电视节目,让孩子专心做作业。崇义欲想在这时段观看电视节目也不行。为了孩子,崇义也需要牺牲晚上的娱乐时间。

之后,我发现儿子们习惯了生活纪律之后,就像给他们上了闹钟,到点他们就会自己开始做预先安排好的事情。形成自律之后，一声号令他们便会在 10 分钟内停止观看电视节目或打网络游戏；不用每次提醒他们做家庭作业或定时睡觉，我们母子之间也因此减少了很多摩擦和争议。

2. 红脸

红脸就是宠爱纵容孩子的家长，总是满足孩子的愿望。美国著名心理学家鲍姆林特提出："纵容型父母，对孩子宽容大于要求。不像传统家长对孩子要求很多，不要求孩子表现得成熟，允许他们自我管理，避免和孩子发生冲突。"因此纵容型家长同孩子更聊得来，与孩子相处时更像是朋友而不像家长。

在我们的小家庭里，崇义是唱红脸。他跟两个儿子的关系像是玩伴，有着共同兴趣，周末一起打游戏，一起骑车，一起去超市、书店和玩具店购物。尚文和润文觉得老爸就是家里的圣诞老人，每次崇义出差回来都会给孩子带最流行的玩具或是游戏软件。他从来不过问他们学习的成绩，也不提出任何要求，下班回家就会与他们开玩笑，一起玩时下流行的游戏。自然而然，两个孩子更亲近父亲，他们三人在一起的时候总是欢声笑语。

教育孩子需要父母双方配合，站在同一阵线，让孩子在成长路上产生安全感。教育家马度指出实际上白脸和红脸两种教育模式是相辅相成的。成人提供的环境让孩子感觉安全，孩子就学会了信任他人、照顾他人，这样孩子身心就能放松下来，由他们的好奇心带领，积极地探索世界。①

四、 体罚和呵斥孩子

　　年幼的孩子长期受到家长无理由或太严厉的体罚和呵斥，性格和行为会向坏的方向转变。美国得克萨斯大学人类发展格尔绍夫教授和密西根大学社会工作学院的凯勒教授共同完成研究，分析体罚对于孩子的影响："回顾了 15 万名儿童 50 年来的研究，发现被呵斥后孩子不会马上就范或是长期服从家长指令，得来的却是相反的效果。第一，孩子被呵斥的次数越多，他们就越不服从家长，会增加他们产生叛逆和攻击行为的可能性，造成心理健康问题和认知障碍，甚至驱使他们做出不理性的攻击性的行为。第二，体罚会代际传递，经常被体罚的孩子更可能支持体罚下一代的孩子，形成体罚代代相传。"

　　孩子长期受到无理由的体罚和呵斥，久而久之自我价值观也会被扭曲，容易变得自卑，没有主见。孩子的性格变成懦弱、自卑，没有勇气去面对困难和错失，总是逃避责任，秉承"不做不错，多做多错"的做事宗旨；或是缺乏主见，秉承"随声附和，人云亦云"的做事方式；或是为了避免惩罚学会了阳奉阴违，表面上

---

　　① Routine：Why they matter and how to get started. 来源：Edu. com，Medoff，2013.

唯命是从，背后却做一些叛逆行为。若家长们不希望看到孩子向坏的方向转变，就需要停止无理由或太严厉的体罚和呵斥。

我曾经也犯了错误，用体罚和呵斥的方法逼使尚文、润文就范。

在尚文 10 岁前，我采用了家长权威性的方式来管教孩子：办法就是体罚和严厉呵斥孩子。他们俩如果不听话、捣乱，我就会用力打他们屁股和大声斥责他们，告诉他们哪里做得不对，这方法很管用，见效很快。但是后来发生了两件事，让我开始反思这种管教方式是否会对孩子的身体和心灵带来创伤和后遗症。

第一件事发生在 1998 年的秋天。

我们家做了大型的加建工程，扩大了厨房和起居室的面积，并且全屋都重新粉刷。有一天下午，尚文和润文就用蜡笔在餐厅的墙面上画画。我回到家看到被涂得一塌糊涂的墙面，怒气一下堵住了我胸口，不由分说地一把抓住孩子，不停地打他们俩的屁股直到最后我的手也麻了。冷静下来后，让我开始反思这些暴力体罚的行为是否会导致孩子下肢神经受压或骨骼变形，因此，我告诫自己不可再用这样的体罚方式了，需要寻找另一个更有效的管教方式。

可是，能用什么方法管教这两个精力旺盛的调皮鬼呢？我想起自己 20 世纪 60—70 年代在香港读书时的经历，老师要惩戒在课堂不守规矩的学生，通常让学生当着全班的面，用双手的大拇指和食指拎着自己的耳朵站立半个小时。目的是要让学生当众感到羞辱并反省自己的行为。

我决心如法炮制，儿子不听话时，我就命令他们乖乖靠墙，用手拎着耳朵站三分钟，在我平复心情之后我便好好地向他们解释为什么我不满意他们的行为。

没想到这招非常管用！"羞辱"法可能并不完美，但是"拎耳朵"的方法至少能让孩子先消停几分钟，也给了我一段"缓冲期"平息自己的怒火。

第二次事件发生在 1990 年，尚文刚满十岁。

尚文从 6 岁起，每星期都要上一节网球个人培训课，他有"球感"，手脚协调性很强，很多人都说他有运动细胞，因此我们悉心栽培他，希望他成为一个出色的网球手。在那年 4 月份我为他报名参加多伦多市 12 岁以下的儿童网球锦标赛，这是他第一次参加公开锦标赛。我对他满怀信心，希望他在第一轮比赛胜出，但是他却在第一轮就惨遭淘汰。

我目瞪口呆，又气又急，感觉自己让尚文参加的网球课全都打水漂。在回家的路上，我训斥了他足足有 20 分钟，说的都是一些苛责的话。进入家门的一刻，尚文反过来抬头望着我说："妈妈，别骂了！"我默然，看着他脸上受伤的表情，转念一想：是啊！我怎么没有考虑他的感受呢？输掉比赛，尚文不但要承受失败，还要面对父母对他的失望和训斥，何等难受！此刻，作为母亲，我应该和他在一起，而不是加重他失落的情绪。

　　这件事让我真正意识到，不应该在孩子犯错后严厉训斥孩子，这样做只会伤害孩子的自尊心和自信心，应该让教练帮他梳理失落的情绪和找出失败的原因。父母严厉呵斥孩子的错误或失败对他们心灵的伤害是无法估计的，引发的后遗症是孩子将会失去面对自身错误或失败的勇气，找借口去掩饰自己的怯懦，人前表现得妄自尊大，实际上对自己的能力毫无自信，感觉事事不如人。

　　冷静下来后，我也反思自己为什么会情绪失控，发现是因为我代入了尚文的角色，把他的错失当作自己的错失，把他的成功当作自己的成功。经历过这件事之后，我开始明白，在孩子学习的过程中，无论是学业或体育运动，父母应该学会放手，父母的角色是安排孩子的日常生活，教导的工作则应留给老师和活动教练，同时家长也要适时调整自己对子女不切实际的期望，不要过分关注孩子在考试或比赛中的成绩。

　　自此以后，我态度从容了很多，对他们的错误和失败更加宽容，孩子作业中有错误或是考试成绩不理想，不会像过去那么激动，在学习过程中以老师为主导，不擅做主张。在他们取得好成绩的时候，我会给予奖赏和赞扬。

　　我很庆幸自己在孩子未到青少年期就转变了教育的方式，避免再次伤害尚文与润文的身体和心灵。我变得更加宽容平和，给他们更大的发挥空间，稳固了他们的自尊心。自此，我们与两个孩子建立了互信，保持良好的沟通，在他们求学期间我们的关系像朋友一样，凡事有商有量没有太多喋喋不休的争议。

五、 正面与负面的育儿方式

总体而言，育儿有正、负两种方式。

为了让孩子快乐地成长，我建议父母采用正面的育儿方式。在孩子年幼的时候，每一位家长应尽早建立亲子行为和教养方式，持之以恒地为孩子建立情商的安全港。

1. 正面育儿方式

以下是我个人经验的累积所得出的正面育儿方式：

（1）每天都触摸孩子的脸、手或脖子，告诉孩子你多爱他。

（2）鼓励孩子表达自己的意见和说出自己的感受。

（3）严格执行每天的生活纪律。

（4）培养孩子的自律能力。

（5）使用合理的管教和惩罚方式。

（6）让孩子明白"书中自有黄金屋"。

（7）告诉孩子父母对他的实际期望。

（8）肯定孩子的努力，给予口头或物质奖励，鼓励孩子用积极的态度去做事。

（9）发掘孩子的爱好和兴趣，提供相应的培训课程。

（10）给予孩子隐私权和自己的小天地。

正面的家庭教育的优点是什么呢？

（1）父母经常触摸孩子和聆听他们内心的感受，孩子会感受到自己被关爱和被尊重，孩子的自尊心和抵抗逆境的能力自然增强。

（2）生活有纪律，能培养孩子的自律性，建立孩子做事的指南针。

（3）父母经常肯定孩子的努力，孩子便有勇气去追求自己的梦想，在过程中保持心境平和，不会轻易放弃。

2. 负面的育儿方式

负面的育儿方式对孩子的伤害是无边无际的。少年时，情感长期受到伤害或压抑，埋伏了父母与子女将来不和与互不信任的导火索，孩子长大后的后遗症是缺乏自尊和自爱。父母一生都无法弥补这些伤害，会影响孩子的一生，包括他的人际关系、事业发展和婚姻的关系。

负面的育儿方式：

（1）在多子女的家庭，父母应该避免偏爱某一个孩子或是重男轻女。

（2）避免过分溺爱和放纵或对孩子百依百顺。

（3）没有培养孩子对人对事的责任感。

（4）以物质补偿缺失的亲子时间，没有倾听孩子的实际需求。

（5）过分操控子女的思维和行为，不让孩子有自主权或个人意见。

（6）大量体罚或喝骂，或是完全放手不管。

（7）反复批评孩子的缺点和错误失败，在人前人后反复提及他们错误失败的经历。

（8）贬低孩子的智商或能力，从不给予赞赏或奖励。

负面的育儿方式的带给孩子的伤害是什么？

（1）父母过分溺爱孩子，事事迁就他们，孩子将来会经不起风浪。

（2）父母过分严厉与苛求孩子，会培养出说谎和逃避现实的孩子。

（3）过分操控孩子的行为和思维，孩子会缺乏自信和自主。

（4）喝骂、体罚、贬低孩子能力会伤害孩子的自尊。

在成长过程中，父母就是孩子的"后勤补给部"，为他们提供食物、指导和鼓励。作为父母，我们应该让孩子接纳他们自己，长大后他们会对自己的能力充满自信，能够接受各式各样的磨炼和挑战。面对人生的未知元素，不会畏缩，依然相信自己。

人生的新篇章已经打开了。尚文、润文将要开始自己的人生之旅了。

第四章

孩子成长的基石

基石是一栋大楼的地基,地基牢固,无论外来的风雨多强,也可以抵御,屹立不倒。孩子赢在起跑线也需要坚牢的基石作为支撑,组建一个可以触摸的"情感护航"框架来稳定他的心志,使他在人生路途中不会迷茫和迷失。父母为下一代建立赢在起跑线的基石需要做的准备是:第一,安乐窝;第二,定规矩;第三,立期望。

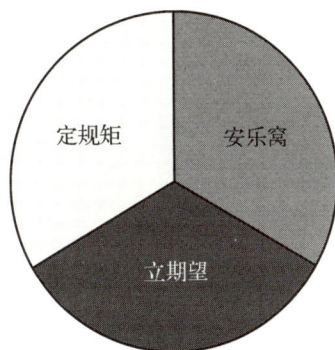

赢在起跑线的基石:安乐窝、定规矩、立期望

一、 安乐窝

拥有一个安乐窝是人快乐的源泉，父母需要为自己、为孩子建立一个安乐窝。美国哈佛大学用了 75 年的时间完成了一项研究——"个人幸福感的来源"。他们跟踪了 700 人，从少年开始直至老年，当中有蓝领、白领、专业人士和大富豪，甚至其中一位是美国总统肯尼迪，在 2016 年 5 月份发表了调查结论"个人的幸福感是来自于拥有一个安乐窝，孩子成长的安乐窝需要父母悉心营造和常年的经营"。

家庭和谐是孩子快乐的泉源，在一个和睦的家庭里，孩子有着平静的成长环境，他们可以安心学习、直面成长路上的挫折。通过我养育孩子的经验和对朋辈家庭的观察，家庭和谐主要取决于三个关键因素：稳定的家庭收入、良好的夫妻关系、融洽的亲友关系。三个环节紧密相连，共同影响孩子对自己的认知和对社会的认同。

1. 稳定的家庭收入

家庭收入状况包括每月工资和理财投资收益。收入稳定会给孩子一份安全感——因为家庭经济状况较好，收入稳定，父母能够为小孩提供与同龄人相等的物质条件，孩子对自己更有信心，认为自己和别人平起平坐，对于自身的前途也会持乐观的态度,积极向上争取成绩。

收入不稳定的家庭让孩子平添许多忧虑——他们内心通常充满矛盾和不安,他们目睹父母日日为生计劳碌,因长期收入不稳,工作环境恶劣,工时长而发生争吵,父母对人对社会的消极态度在无意识中传染给了孩子,影响他的思维,使他对自己的前途患得患失,认为社会不会给他向上发展的机会,不能拥有更好的生活。这样的孩子容易自卑,一遇上困难便容易丧失斗志,自暴自弃。当然也有很多成功的案例,低收入的父母注重孩子的教育,为孩子早立期望,同样可以培养优秀的下一代。

中国有句老话"穷人的孩子早当家",这句话在很多情况下是褒义的,说的是穷人家的孩子能够更快地独立生活。但如果家庭财务状况不佳,就是说孩子因为家境贫穷,负担不起学费,需要提早辍学投身社会做事。很幸运的是,崇义都是在上市的大公司任职,每月有稳定的工资收入。无论是在加拿大或是香港,我们都过着中产的生活,拥有自己的房子,在尚文和润文童年时代,我们家庭的经济收入一直比较稳定,没有经历过大起大落。

但是加拿大是北美税率最高的国家,扣除所得税、医疗保险和养老保险后,只剩下 40％的工资用来支付家庭的开支。因此我们在加拿大的时候生活很节俭。回到香港后,收入虽然宽裕很多,但是维持了原来节俭的生活,因为我们意识到要开始为尚文和润文储蓄上大学的费用。

2. 良好的夫妻关系

作为父母，夫妻之间的感情就是家庭幸福的守护神，维持良好的夫妻关系可以为孩子提供一个温暖的家。美国教育学家邓肯博士说"家庭结构会对孩子产生巨大影响：活在双亲家庭的孩子比活在单亲家庭走出贫困的概率要大3倍"。良好的夫妻关系是孩子情感健康发育的基础，在孩子脑中一个完整的家是有父亲和母亲的存在，孩子不希望经历家庭破裂的痛苦。即使父母好聚好散，悉心地照顾孩子，孩子在今后的人生中也始终希望能填补父爱或母爱的空缺，这样的孩子对日后的恋爱、婚姻都会有恐惧感，持悲观的态度。

我和崇义有着第一代移民的思维，尤其是有了孩子之后，改变了我与崇义的关系。我们俩变成孩子的父母而忽视了彼此的感情需求，认为牺牲自己的时间没关系，总要投入百分之百的时间和金钱到尚文和润文身上，希望他们将来能够在加拿大立足。因此家庭所有活动都是把孩子放在第一位，比如在周六早上送尚文去参加网球课，送润文去上游泳课，之后全家一起吃饭，千篇一律的生活让我们俩变得麻木，双方未好好守护婚姻关系。

每次我们外出时把孩子交给保姆，老是不放心而且感觉很愧疚。十五年间，我们的对话总是围绕着尚文和润文展开，属于我们夫妻二人的时间愈来愈少，我们忽略了培养夫妻间的感情。有一段时间,我和崇义单独相处的时候,发现彼此无言以对,就像两个陌生人生活在同一屋檐下。在柴米油盐的生活中,我们的感情和婚姻无声无息地飘走,差点到了离婚的边缘。

现在回想,为了孩子的幸福,也为了保住我们的安乐窝,夫妻俩不应该把全部时间放在教育孩子上,这样很容易忽略夫妻间感情的维系、否定自己的社交需求。2014 年 2 月 10 日,香港天主教婚姻咨询委员会报道:"建立稳定的夫妻关系的具体方法是在日常生活中双方应该腾出时间去培养共同的爱好、对彼此欣赏和谅解、在冲突中保持理智以及开诚布公地表达自己的感受。"

3. 融洽的亲友关系

美国普林斯顿大学的莱恩·考茨教授有一句话"人是群居动物",人的一生离不开群体,对于个人来说,幸福感的来源之一是多与亲朋好友往来,谈天说地,扩展自己的生活社交圈,吸取别人的经验。在融洽的亲友环境中长大的孩子,生活自然更为丰富多彩,他们更容易融入社群生活,产生身份认同和增加对社会的归属感。

我和崇义在多伦多没有亲属,朋友大多是大学同学和同事。每隔两个月或是到了节假日,我们会轮流在周六晚上办一次好友家庭聚会,邀请朋友来家吃晚饭。如轮到我们家当值,我和崇义准备主菜,其他客人则带来甜点和红酒。聚会氛围很随意,因为大家的文化水准和背景相近，彼此又很熟悉，所以无话不谈。孩子也能度过一个轻松的晚上，他们无拘无束地自由活动：看电影、玩游戏，或在家疯跑。能够与好友共度欢乐的时光，是繁忙生活中的调节剂，尤其是在加拿大，朋友代替了亲戚的位置，大家彼此关心，让我们在异国他乡组织了一个大家庭，有了一份归属感。

二、 定规矩

生活的规矩能让孩子明白父母对他们的要求，培养他们的责任感，也帮助他们长大后适应群体生活，遵守法律和适应生活上的限制。我们在孩子年幼时为他们订立每天生活的日程，让他们意识到在某时段应该做哪些活动。当习惯了每天时间的分配，他们就会自我约束，执行时间表的安排。到了青少年期，他们被无形的规矩约束着自己反叛的情绪，与父母对抗的行为也会相应减小。

1. 先玩耍后复习

玩耍是孩子探索世间的新事物、学习自处和与别人相处的方式。我尤其喜欢让孩子在户外无拘无束地奔跑，享受大自然四季不同的景色，亲身探索自然和昆虫的奥秘，认识新朋友。我认为这些户外活动能让他们身体强壮和心境舒畅，比拥有满屋子的玩具、电子游戏和游戏机盒更宝贵。

公园就像是我们的第二个家。从尚文和润文 3 个月大的时候，冬天夏天也是如此，每天早饭后和午睡之后，我会带他们去家附近的公园玩耍，给予他们充分的自主权——玩他们喜欢的游戏，喜欢的活动，甚至一些比较恶心的活动，比如在泥土中把玩蚯蚓，我也不会禁止。

在夏天，尚文和润文喜欢在沙坑里玩沙堆，在浅水池战水，有时像猴子一样倒挂在游乐场的横栏上，还有骑车和踢球。12月已经步入寒冬，公园里白雪纷飞，雪堆起来有一两米高，尚文和润文就在公园堆雪人、城堡和河流通道。有时和邻居的孩子一起玩"大战星球人"游戏，你追我逐，玩得不亦乐乎。为了他们的安全，我会在一旁照看着。

小学至高中，尚文和润文从学校或课外活动班回家后，我不要求他们马上复习或完成作业。我认为，在学校学习了一天后，孩子回家需要有一个过渡，做自己喜欢做的事，让紧张的身体松弛，心情恢复平静。

经过一个多小时的自由活动，吃晚饭时就可以避免一心多用，这时电视和电脑必须关闭，让一家人享受交流的时光。当情绪稳定下来，孩子便会从容复习和做作业。尚文和润文写作业和复习从不拖延，这样的规定——先玩耍后做功课，很见效。

体能活动对孩子的好处

芬兰的教育和文化部长拉索思（Sanni Grahn-Laasonen）建议芬兰的学校课堂采用动态学习的方式，每天进行三小时的体能活动。当孩子们玩耍或做体能活动时，他们对学习会感觉愉快，也能从中学习与人相处之道，可以提升他们的学习和社交能力。

来源：英国广播公司的新闻报道，2016 年 9 月 9 日

2. 睡前惯例

充足的睡眠能让我们恢复体能和储蓄能量以应付每天的各种事务。所以我与崇义很早就为孩子定下按时睡觉的规矩，让他们放松身心，减少负面情绪，安然入睡。孩子第二天醒来就会精力充沛，会积极参与学校的活动，专注聆听老师在课堂的讲解，做作业时，会不费吹灰之力。我与崇义约定在他们临睡前，绝对不会提及三个话题：家庭作业、考试成绩和日常叛逆行为，而是会陪伴他们睡前阅读以及做睡前游戏。

1）睡前阅读

读故事书和讲故事成为孩子们睡前的习惯，从尚文咿呀学语的时候开始，我们都会让他每天读故事书，是想激发孩子对阅读的兴趣，培养他的幻想力和批判能力。后来我又创新了一个

睡前游戏——"魔术袜子"。

每天晚上 8 点,尚文和润文把小玩具放到浴缸里,用 20 分钟洗澡。然后换上睡衣,跳上润文的床,等着爸爸给他们讲故事。爸爸坐在床边,把润文抱到大腿上,尚文挨着他坐着,开始读一节的故事书。故事都是一些他们偏爱的历险故事,如《亚瑟王和骑士》《超人的生命历程》《星球大战》等。当完成一本故事书后,爸爸还会自编一些历险记,把孩子编入故事当中成为主角,让两个孩子为故事续上情节与结尾。故事讲完了,爸爸会轻轻吻他们的脸和给他们一个拥抱,才离开房间。

2)魔术袜子

接着是我开始"魔术袜子"的游戏。首先把孩子的袜子卷成小球,我像一个魔术师一样,将袜子在手中左右扔来扔去,抛高抛低,然后突然迅速把袜子藏在他们其中一人的毯子内。由于房间内灯光昏暗,好几秒后他们才意识到袜子不见了,两个孩子就开始四处寻找袜子,孩子们很享受这简单的游戏,我也乐在其中。

孩子这些睡前习惯可以达到一箭双雕的目的,引发孩子阅读的兴趣,通过故事情景引发想象力。同时让孩子感受到父母不是时刻都是板着脸,或不满足于他们在校的成绩,而是他们的玩伴。

3. 独立完成家庭作业

家庭作业可以培养孩子独立思考、独立解题和独立完成任务的能力，这个过程也可稳固孩子的自觉性和责任感。香港成年人及持续教育协会会长李瑞美女士在 2016 年 4 月 15 日发表报告："在学习方面，课堂上老师教授了知识后，学生回家反复练习，通过做功课，才能融会贯通，从而得到透彻的理解。做功课不但能让学生更准确地消化课堂教授的知识，也能让他们学会有效地管理写作业的时间。"

我从来都不帮尚文、润文完成作业，让他们明白做作业是他们的责任。

孩子由于懒惰或不理解课文内容，做作业时会遇上问题，经常无法独立完成功课或错漏百出。如果长久积聚了这些挫败情绪，孩子会对自己的学习能力产生怀疑，对学科失去兴趣，人也会变得自卑，渐渐觉得他已经落后于其他同学，对自己的学习能力失去信心。父母需要关注孩子作业的表现，当同样的问题出现 3 次以上，必须尽快寻找原因和补救的方法。

4. 孩子的责任

主动性学习是愉快学习的关键，主动性学习是孩子无须监管独立完成家庭作业和复习，自己批成绩。怎样培养孩子的学习主动性呢？我认为父母应尽可能不插手指导他们，不指出他们的错误，不强求要他们修正。我的做法是让孩子明白做作业是他们的责任，应该自己承担作业上的错漏。每天晚上尚文、润文做作业的时候，我都不会待在他们身旁指导他们，我唯一的要求是他们在晚上 8：30 要完成所有作业，收拾书包，把书包放在大门入口处。

在孩子们入睡后,我会查阅他们的作业,回顾老师在上次作业或试卷所给的批改和评语,了解各科学习的内容。如果发现当天作业没做完、有错漏,我不会提醒他们,会留给老师去批改作业上的错漏。这样做能避免我们与孩子发生分歧。

家长应该重视检查孩子的日常作业。孩子日常作业出现诸多错漏,或经常迟交作业,欠交作业,抄袭同学作业,这是学习出现问题的信号。早一点发现孩子学习的问题,寻找原因,早一点着手寻找补救的方法,比等到期末考试成绩单发下来才开始着急更容易把握补救的黄金时机。

孩子写作业时,家长最好不打扰、不插手,这样孩子才能建立学习自主性。

5. 绝不接受"无理"借口

倘若尚文、润文的作业持续出现很多错漏或是考试成绩欠佳,我会要求他们给出解释。如果他们对我说"老师的课讲得太烂了"或"老师没有给充足时间准备考试",我不会接受这些"无理"借口。我会告诉他们,应该把原因归结到自己身上,找出原因,并尽快纠正这些问题。

6. 课后辅导

从小学到高中,我从未给尚文和润文在课余聘用私人辅导老师或报读课程辅导班,因为我不想看见他们失去学习的自律性和对学习的责任感。

我看到很多家长发现孩子做功课时有困难或考试成绩不理想，二话不说就将教育"外包"给补习机构为孩子进行辅导，依赖辅导老师讲解课文和帮助做功课。孩子因为有了辅导，白天在课堂上听老师讲课时容易不专心。长期的依赖养成孩子的思考惰性，缺乏批判力，渐渐对学习失去信心，对完成作业也失去主动性。最深远的影响是孩子会给自己筑起无形的心理障碍，在任何环境下都渴望有人在旁指导，没有他人的辅助就不能行事。我相信学校的老师是最专业的，他们擅长教学，是指导孩子的最佳人选，校外辅导占用了孩子宝贵的娱乐、消闲和休息时间。同时辅导的费用也不菲，加上正规学校的学费，对一般家长来说是沉重的经济负担。

三、 立期望

父母对孩子的期望是孩子对自己未来发展方向的指南针。一般家长对子女都有着各种期望，大多数都期望子女可以从事白领的职业，而不是蓝领的工作。美国劳工部在 2015 年公布了全国劳动者的收入与学历的统计资料，主要是对比拥有高低学位毕业生的每周平均收入和每年失业率的比较。本科毕业生的平均周薪是 1 286 美元，失业率是 2.8%，而中学毕业生的平均周薪收入是 713 美元，失业率是 5.4%。事实证明，完成大学课程,掌握基本的学习技能,是孩子拥有职业选择权和实现人生价值的最佳保证。

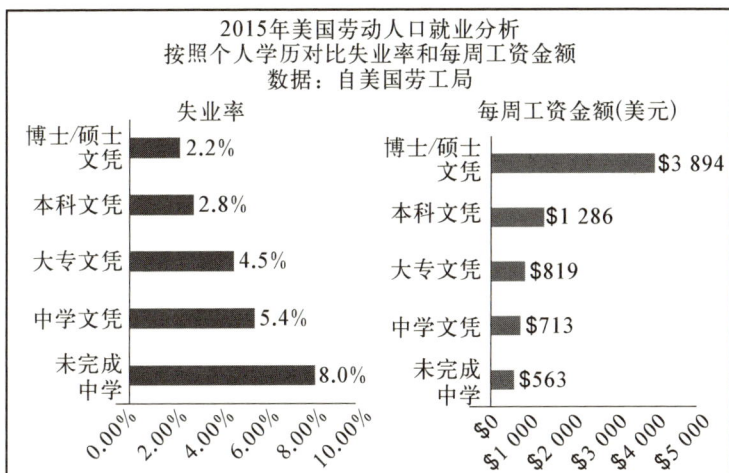

2015年美国劳动人口就业分析
按照个人学历对比失业率和每周工资金额
数据:自美国劳工局

失业率

博士/硕士文凭	2.2%
本科文凭	2.8%
大专文凭	4.5%
中学文凭	5.4%
未完成中学	8.0%

每周工资金额(美元)

博士/硕士文凭	$3 894
本科文凭	$1 286
大专文凭	$819
中学文凭	$713
未完成中学	$563

1. 抓住教育时机

如果父母没有对年幼的孩子说出清晰的期望,孩子对自己的目标就没有概念,遇上困难便不会坚持自己的目标和理想。

很多父母都经常对孩子说"前途掌握在自己手中,少年时需要努力读书,发奋向上",对于一个孩子来说,理解这些哲理是很难的,因为他们小小年纪很难意识到十多年后的他会是什么模样,或将会发生什么事情。父母说教太多,孩子会感到厌烦。怎样使孩子明白其中的道理呢?

当下的孩子很难感受到父母为了家庭的温饱每天付出的辛劳，尤其是白领家庭的孩子，每天看着父母穿着光鲜的衣服上班下班，孩子意识不到父母在工作上的辛苦。大部分孩子对家庭的收入和财富来源概念很模糊，只是看到父母按一下银行取款机，钱就会源源不断地出来，尤其是现在的电子支付方式，拿出一张信用卡或手机，在商户的感应器"啪"一声，便可以完成购物。我建议现今的父母需要提早灌输给孩子正确的金钱观，告诉他们世界上没有免费的午餐，钱或财富不会从天上掉下来的，而是要通过辛劳的工作换取的。

现今，最能保证孩子实现人生价值、拥有职业的选择权、过上安稳生活的途径就是勤奋读书、上大学，装备自己的头脑。美国费城皮尤教育研究中心的杜康教授说，"在现代社会能够向上一阶层流动的关键因素就是完成高等教育，研究发现大学毕业生比一般中学生走出社会收入底层的概率要高五倍，并且受过高等教育的人不会被困在一些没有前途或乏味的职位上无法脱身。"奉劝父母们应尽早灌输给孩子接受高等教育的重要性，拿到大学学位显然不等同成为大富豪，但起码可以拿到向上走的入门券。

一般人年幼时很难意识怎样为自己的职业做选择，怎样拿到往上走的入门券。为了使尚文和润文明白上大学是与他们未来职业的选择权是相关的。平日早上我开车送两个孩子去学校，路程大概需要十五分钟左右，我也会抓住这黄金机会说教。

2. 保持渴望

苹果创始人史蒂夫·乔布斯的座右铭是"心中保持渴望"，这驱使他去追求理想，屡败屡战，永不言弃，成功研发了风靡世界的首部苹果智能手机。每人的渴望会随着年龄和经历而发生改变。世人的渴望通常都是离不开爱情、物质、成就、社会地位、声誉等。人有了渴望就会鞭策自己，努力不懈地争取，达成自己的渴望。

培养孩子的渴望必须从婴儿2～3岁开始，父母需要克制自己对孩子的宠爱，不要提供给孩子超出常态的物质条件、过度的舒适生活条件和奢华享受，尽量不要在孩子提出要求前，便满足孩子给其想拥有的东西。家长的克制，让孩子自己探索他的渴望，渴望会变成一股动力鞭策他们去努力争取。

我们搬回香港之后，经济条件比在加拿大好很多。但是我依然严格把控尚文和润文的物质生活和条件，控制他们的零花钱，让他们知道金钱来之不易。因为我不想让他们小小年纪就拥有各种名贵商品，贪恋享受，希望他们早些知道心中的渴望，懂得凭自己的努力去达成渴望。

他们上的国际学校是一所中上产阶层子弟的学校，大部分的学生来自富有的家庭，出入都有名牌汽车代步，进出高级的餐厅，穿戴名牌衣服和手表，拥有最新的手机和充足的零花钱。但是我依旧仿效加拿大的生活，让他们乘坐校车上学，带家中自制的三明治作为午餐；每周的零花钱只足够在学校买饮料，外出都是坐公交和地铁，周六偶尔与同学看一场电影，到商场打游戏。

　　我记得尚文高一的时候，我给他买了一部手机，因为我知道他在上课和做功课的时候能控制自己用手机的时间。润文在上初一时，要求拥有一部手机，因为他大部分同学都有手机了。但我没有答应，我认为当时润文还小，还没有使用手机的自律能力。

　　在这样物质不丰富的环境长大，尚文和润文都拥有渴望，渴望自己事业成功，渴望自己成为领袖，他们知道没有富爸爸可以依靠，要靠自己的努力去打拼。

　　我与崇义只是愿意把积蓄用来让尚文、润文参加校外体育培训班、夏令营和美国学校举办的暑期班。花在这方面的钱很值得，不但能扩展他们的视野，还能让他们学会独立生活，让他们有机会与来自不同文化背景的孩子交流。现在尚文、润文在工作上身处任何环境，都能与不同国籍的同事融洽相处。

第五章

学霸的关键密码

自理能力、自律能力、勇敢面对挫折是学霸的关键能力，缺一不可。从来成功都是来自实践，未经过自身的奋斗和时间的付出，靠运气得来的成就感只是短暂的，而且成功不会持久。面对逆境，学霸心底有着防御武器，去迎战生活的起伏和不安的情绪。身为父母，帮助孩子剔除在学业上患得患失的心理，唯一途径就是培养孩子的自尊、自信和自立。

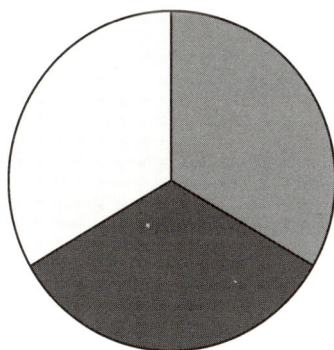

学霸的关键密码：自理能力、自律能力、勇敢面对挫折

一、 自理能力

父母应培养孩子的自理能力，让他从小学会独立，无须旁人监督，主动完成任务。父母在适当时间，应当放手让孩子学习生活的技能，如平日的进食、如厕、穿衣、梳洗、收拾书包、玩具和床铺等。自理能力越强的孩子，他们学习新知识的能力也越强；有了自信，孩子就会乐意聆听家长和老师的教导，不怕接受新任务。最终能使孩子有更多自主活动的空间，令他的生活变得丰富多彩。

什么时间是最适合培养孩子的自理能力呢？又怎样培养孩子的自理能力呢？

我认为应该在婴儿手脚协调的时候开始，给他一些简单的任务学习自理，让他们经过模仿和无数次的尝试，独立完成任务。例如父母让婴儿用双手拿着奶瓶，用手把食物向口里送，用勺子舀取食物。在孩子学习自理的过程中，父母需要克制自己，不要着急包办一切。美国著名作家亚义伯特·哈伯德先生的名言："当父母为孩子做太多，孩子就不会为自己做太多。"

孩子学习自理是一个漫长的过程，从 3 个月至几年不等，这同时也考验父母的决心和耐性。在不同年龄段，我们重复教导尚文和润文各种自理能力，放手让他们尝试，容许他们犯错，直到成功为止。美国 Extension.org 教育网站的教育专家马度先生认为:"当年幼孩子学会吃饭穿衣这些基本的行为时,他们的生活技能会增强,活动范围也随之扩大,对探索新事物的能力产生信心,为自己的独立性而感到骄傲。"

润文孩童时期尿床的经历让我找到了身为家长让孩子成功学会自理的秘籍,就是耐心地等待孩子成功独立完成任务或修复自己的问题。在学习的过程当中,若孩子没做好或无法完成的时候就不应该肆意指责他们。润文因为湿疹和哮喘,睡眠质量欠佳,经常有尿床的问题。如果晚上尿床,他就走到我房间,轻轻推我一下,因为他的床垫、床单和睡衣都浸湿了,需要花上20 分钟更换床单和睡衣,我从没因为这个呵斥或批评他。没有因为他尿床的麻烦气急败坏地羞辱他。而是顺其自然,让他自己克服尿床的毛病。直到润文 10 岁的时候,尿床的问题才慢慢得到了控制。

在婴幼儿时期,很多父母喜欢给小孩包办起居饮食等大小事情,这样做的好处是在短期内节省很多时间。比如,孩子可能经常打翻牛奶瓶,把盘子里的食物撒得满地都是,弄湿了衣服和地板,及时给孩子清理,是一般家长都会做的。但是,如果长期为孩子包办一切,养成他饭来张口、衣来伸手的坏习惯。孩子将会习惯性地依赖他人为自己完成任务,变得懒惰,缺乏自理的主动性。

当然,现在想起来当年有几件事我也犯了错误,为了贪图方便，节省时间，为此付出了时间的代价，导致孩子养成坏习惯，难以改掉。首先是我从来不让孩子自己进食，总是喂饭，因为我不想他们把碗里的食物撒得满地都是，弄脏地板和衣服。喂饭看起来是节省了清理的时间，其实是赔了喂饭的时间。每次喂饭总要花上一个多小时，孩子会一边玩一边等待我把饭送到他口里，直到尚文3岁时我才停止喂饭。其他两件事也让他俩养成坏习惯，影响到他们日后的生活，关于尚文的，每次他如厕之后，我迫不及待地替他按下冲马桶的按钮；而润文打开牙膏、洗发水和润肤露的盖子之后，也都是我为他盖上盖子。他们养成这些陋习之后就一直改不掉，跟我替他们做了扫尾工作密切相关。

我希望家长们不要犯我的错误，要相信孩子的本能，尽可能多让孩子尝试，直到孩子掌握窍门、养成习惯。我建议父母应尽早培养孩子的自理能力，使他在青少年之前学会自理，做到不求人。

二、 自律能力

自律性是一个人内心的指南针，即无须外界督促，自己约束自己，为自己的生活创造秩序，完成既定的目标。自律性不是与生俱来的，而是要经过后天的培养。古代希腊哲学家毕达哥斯拉说道："不能约束自己的人不能称他为自由人。"教育专家的数据显示，一般自律性高的孩子成绩比自律性低的孩子优秀，因为他会每天规范自己，自主完成家庭作业，为考试做好事前准备，为学习争取更大的自主权。

　　培养自律性的前奏是父母必须先为孩子编织内心的安全网，因为安全网是自律性的磐石。为孩子编织安全网需要两大步骤：第一，缔造一个安乐窝。为孩子遮风挡雨，为他提供稳定的生活物质，令他生活得舒畅。第二，纪律性的生活。在这时，孩子体验了父母为他定下的每天生活的安排，体会到他的需求获得父母接纳和回应，与父母建立了互信。当孩子感受到被爱和重视，他们自然乐于顺从接受父母的安排。当孩子的内心变得踏实，在他内心就会筑起一道安全网。

　　几乎从孩子出生开始，我与崇义便订立孩子每日的生活纪律——起居、饮食、玩耍、作息的时间表，让孩子的生活井井有条。孩子们的生理时钟渐渐地适应并习惯了这种安排，对纪律没有太大的反抗，从而自觉地在适当的时候完成自己该做的事情。

　　对于一般父母，培养孩子的自律性是一件知易行难的事情。我的经验是孩子3至4岁前是培养自律性最关键的时期，要成功执行每日的纪律时间表，家长每天必须花上大量的时间，耐心地教导孩子做事的方式和步骤，耐心地等待孩子完成任务。父母本身的纪律性和耐心是成功的关键要素，很多父母不停地催促孩子，结果却常常会弄巧成拙，孩子做事的态度会变得马虎和草草了事。

教育家已证明凡是自律能力高的孩子的学业成绩比一般高智商的孩子更优秀，因为他们懂得自我控制欲望，懂得做事要专注，学会安排做事的先后次序。尤其是在移动互联网时代，培养孩子的自律性更是难上加难。因为手机和平板电脑已成为孩子的玩具和做功课的工具，一旦孩子对网上游戏、社交 App 上瘾，他的内心就很难安静。因此我们作为父母就要在一开始订立看电视、玩电脑游戏、回手机短信的时间表，父母也需要以身作则，严加遵守规则。

培养自律性是从孩子年幼时开始，让他养成习惯，自我平衡情绪和行为。孩子越早养成自律性，家长在孩子青春期的管教就会越轻松。

2016 年里约奥运会男子蝶泳金牌得主——史高宁

新加坡向来重视考试成绩，教育部代部长黄志明表示，希望新加坡学子们都像 2016 年里约奥运会男子蝶泳金牌选手史高宁那样，勇敢积极地追求梦想，培养坚强毅力和刻苦耐劳的品质。希望学生和家长受到启发，有意识地多花时间去培养孩子的领导能力、坚韧性格和良好自律性，让孩子接受真正的全人教育。

来源：《香港星岛日报》，2016 年 8 月 16 日

三、 勇敢面对挫折

在日常的生活和学习的过程中,父母需要鼓励孩子勇于面对挫折,明白挫折不等同掉落一个无底的深渊永远不能翻身。让孩子悟出失败的原因,寻找补救的方法,不断地努力,总有一天他们可以重新站起来。面对挫折的勇气可以从学习、玩耍、网络游戏中培养,父母应该学会放手让孩子不断尝试,让他们独自尝试挫折感和成功感。父母切记在孩子遭遇挫折后,不要在他面前批评他或把他和同辈比较。这样,孩子对挫折就不会有恐惧感,会从容寻找补救的方法。

1. 湿疹、偏头痛、气喘、口吃、车祸

润文年幼的时候体弱多病,湿疹、偏头痛、气喘、对食物敏感,同时有口吃的毛病,加上经历过车祸,他的童年道路走得比尚文崎岖。经历这些折磨,很多孩子会被这些逆境压垮,但是润文没有自怜反倒更加努力学习,从小学、中学一直到大学,润文都名列前茅,最终走出这些阴影,成为一个有朝气和乐观的年轻人。

1)湿疹

从出生起,润文就一直有湿疹,病情发作时,皮肤上的红斑蔓延至全身,从脸、脖子、手一直到腿。皮肤干燥让润文感觉奇痒难忍，唯一的缓解办法就是不停地抓，就像一只猴子一样挠自己的脸、身子和腿。因为这个原因，润文的老师、同学，还有一些同学的家长都看不起他，不愿与他多接触，在学校润文备受冷落。

1996年9月10日，润文在日记里写道："因为我患有湿疹，别人总是不能公正地对待我，在学校经常被人嘲笑。我虽然感到愤怒，但是也在克制。那些嘲弄我的人，只是在害怕受到感染，他们不清楚我到底患了什么疾病。"我明白，我没办法让别人不再讥笑他，于是我鼓励润文用功读书。我的想法是，如果润文成为班里成绩最优秀的孩子，那么老师就会因此表扬他，同学也会尊重他，而不会因为外表轻视他。我对润文严格要求，要求他必须门门功课拿甲等。而润文记忆力超群，过目不忘，年年交上了全甲等的成绩单。

2）车祸

1988年秋天，润文7岁，刚上小学二年级。在九月的一个星期六下午，他被邀请至同学家参加一个生日会，吃过午饭他与同学们一起去附近的公园玩耍，在路上被一辆车撞倒。当我被电话告知润文遭遇车祸的那一瞬间，大脑一片空白，赶到现场，看到他躺在地上，右脚一根骨头贯穿。润文一直在哭，不停地对我说："对不起。"后来润文在日记中写道："当时我以为自己再也不能走路了。"

不幸中的万幸是润文头部和上半身没有受伤，只有右下肢被撞断。到医院后,医生给我说明了情况,马上进行了手术,手术长达 3 小时。在等待的时刻,我、崇义和尚文都惶恐不安,我把尚文抱在怀里,他自始至终没有说一句话,崇义则在走廊里走来走去。八天内润文经历了两次手术,将胫骨连接起来,又绑了石膏。医生建议润文静养两个月,以便骨骼复原。幸运的是,润文的伤势不属于严重,但是我们要等待 6 个月后才知道他是否能像以前正常走路以及是否会有长短腿的后遗症。

这段时间我回到学校,把课本和作业带回家让他在日间复习。

在家休养 4 个月后,润文还没能行动自如,我决定把润文送回学校,当时正值冬天,他的脚还绑了石膏。班上有个叫肖恩的同学已经被确诊为脑瘤晚期,身体非常虚弱,课间两人都不能去操场活动,只能待在教室。润文在日记里说:"两个月的时间里,我坐在肖恩旁边,看着他一点一点地不能说话,一个月之后,他去世了。这让我想起自己,每次睡前我都在思考自己的生命是否也会像他一样完结。"经历了这样的煎熬和磨砺,润文迅速成长,决心用功读书。他如饥似渴地阅读,翻阅《圣经》甚至通读字典。润文英文水平突飞猛进,远在同龄人之上,数学成绩在班里也是数一数二。润文对自己的能力信心十足,他在日记里写道:"如果我加倍用功,就能入读哈佛大学。未来我想要挣足够的钱,过上幸福的生活"。

塞翁失马,焉知非福,童年的磨炼让润文体验人情冷暖和生命无常，加速他成长，让他从小学到高中都是学校里的佼佼者。

3）口吃

润文上小学三年级时，口吃的问题越来越严重，班主任告诉我，这个年纪的孩子很多都有这样的问题，过了这段时间就会改观。但我依然不放心，自己在网上查找有关口吃的资料，发现早期口吃可以通过医学手段治愈。

我马上为他预约了专科医生，希望能找到纠正润文口吃毛病的治疗方法。检测之后医生说，润文口吃是因为他的说话速度跟不上他的思考速度，口吃是为了寻找合理的词汇表达自己的思想。医生还怀疑是因为湿疹而使润文长期处于压抑之中，才引发口吃。

医生告诉我，没有什么药物或方法能彻底治愈口吃，唯一的办法就是家长在日常生活中不断提醒孩子放慢说话速度。我和崇义听取了医生的建议，经常提醒润文慢慢讲话，一年以后，口吃才得到了控制。

很庆幸自己在早期就向专业医生求助，避免口吃成为常态，现在润文说话很流畅，和来自不同背景的男女老少都能交谈。润文的特殊经历使他有很多时间独处，让他领悟到人际关系的窍门，说话的技巧。现在他受到老板和同事的欣赏和喜爱。

正如老子所说："祸兮福所倚，"坏事其实也可以引出好的结果。

2. 尼克·伯乐特亚网球夏令营

夏令营"山谷之王"的游戏让尚文明白到网球场的竞技就如同学习上的竞争——"强中自有强中手，一山还有一山高"，让他体验到了赢球和输球的感受，领略到输赢只是一个过程；装备了他永不言弃的精神和极强的竞争能力。

尚文对运动几乎是样样精通，他钟爱网球、滑雪和高尔夫。9 岁的时候，美籍华裔网球运动员——张德培打败了捷克球手伦德尔成为法国网球公开赛冠军，给了他很大的鼓舞，证明华人也能在网球界获得一席之地，我们也对尚文存有这个梦想。尚文 10 岁的一年夏天，参加了为期两周的网球夏令营——美国佛罗里达州尼克·伯乐特亚网球夏令营。它是培养世界网球手冠军的摇篮，世界各地的家长都送他们的子女到这里培训，孩子们的年龄 6 至 16 岁不等。夏令营采用军事化的训练方式，不但挑战孩子的体能极限，同时挑战孩子承受失败的极限，让他们明白赢球并非是幸运，而是要经过多年的磨炼和不懈奋斗换回来的。

美国佛罗里达州的七八月，日均气温大概徘徊在 33℃上下，室外就像火炉一样，皮肤也给烫得红红的。网球训练就像是军事训练一样，从早上 8 点开始至下午 4 点结束。最后的一个小时是在室内的练身场，做身体各肌肉力量的训练，直到一天课程结束。

尚文最喜欢的环节是"山谷之王"的游戏，同一场有 12 名选手，所有同龄孩子都是从其他组别调来，他们从来没有交过手。

一对一挑战，赢家晋级对战下一级选手，同一级的球手又互相对打，最终的赢家称为"山谷之王"。尚文从未获坐上"王者"宝座，在他的组别，他的球技还没有达到挥洒自如的境界，也没有比赛的经验，体格也没有欧美孩子强壮。但是他还是玩得很起劲，努力尝试，很享受这个比赛环节。通过这些练习，尚文学会了打球的最佳角度和策略，他发球的准确性和力度大大提高。

"山谷之王"的游戏规则使他很快适应与不熟悉的对手比赛，让他临场不慌，在失败面前不气馁，不在胜利后自骄。球场上只是一场个人实力的对垒，所以尚文学会不害怕寂寞，会自己独立思考策略并付诸实际行动。

网球也培养了他坚定的意志，帮助他在面对成绩滑坡时下定努力坚持到底的决心。在高中一年级时，他写下这段话："因为缺乏自律，高中二年级开始的几周我的成绩倒退了，我花在网球和娱乐方面的时间比我在学习上多，没有认真学习。但是经过2个多月的努力追补，我的成绩又重回到了乙等和甲等的轨道了。"

网球的练习培养了尚文积极向上的情绪，能把注意力集中在他的目标上。1994年，尚文在自己的一篇文章里写道，"我每天在校打网球，运动让我放松。当我情绪平稳的时候，我能坦然面对挫折，检讨过失；我会以冷静的方式思考，找出难题的答案，并且重新出发。"

第六章

学习的基因

从第二章"红脸与白脸"段落中，大家都知道我在家庭中的岗位是"警员"，从少年至青年时期我对两个儿子的生活规管得很严，星期一至星期四下课后和星期天都不准有社交活动，必须把功课完成。同时我与崇义也教导他们树立正确的金钱观，从来不买奢侈品给他们或让他们享受奢侈的生活，每月只给他们少量的零用钱，足够他们每周的简单娱乐费用，以及坐地铁和公交的花费。我也很坦诚地告诉他们家庭每月的收入和费用，也提醒他们，没有一个富爸爸可以依赖，前途需要自己打拼。

培养孩子是一个漫长的过程，要从孩子年幼的时候就开始有计划地执行。尚文、润文能够成功进入美国斯坦福大学商学院，与我们的从小培养的目标和方式是分不开的。

孩子能够在学习方面脱颖而出，他们需要具备以下七项要因：

（1）专注于聆听；

（2）沟通的技巧；

（3）阅读的兴趣；

（4）毅力的培养；

（5）果断的选择；

（6）精选课外活动；

（7）面对成绩滑落时的抗压能力。

一、专注于聆听

孩子开始学习时需要掌控聆听的能力。安静的心灵令孩子专心听、善于听。在家、学校、运动场都可以培养孩子的聆听能力。

很多家长没有意识到自己就是教孩子聆听的第一任老师。尚文、润文还是婴儿的时候，我和崇义与孩子说话时，通常都跟他们有眼神的接触，并放低我们的音量。按照他们的理解能力向他们发出有关日常生活的简单指令，如抓住奶瓶，张开嘴，伸出手，然后辅助他们完成这些指令。我们发现训练幼儿聆听能力，需要选择孩子情绪稳定的时间进行，耐心地不断重复这些句子，孩子会很快地领悟说话的内容。

学校通常把培养孩子聆听的能力放在第一位。尚文、润文兄弟俩在托儿所和幼儿园的时候，老师会教导他们在老师或同学说话时保持耐心，细听别人说话的内容。有一个环节称"示范与说故事"，孩子们围坐一圈，听同伴谈论自己的玩具，中途不许打断。只有等同学完成后，他们才允许发问或发表自己的意见。

而在"听故事"的环节,老师朗读故事书的时候,所有孩子都必须保持安静,坐着不能乱动,不能发声。

体育场也是训练聆听专注力的场地。尚文常年参加网球体育培训班。每一堂课,教练都会详细讲解每一动作的步骤,要求学员遵照步骤反复练习。尚文都仔细地聆听教练的指导,用心思考并完成指定的动作或策略。尚文在网球课专心聆听,因而他上其他学科时也很专注听老师在课堂的讲解,有条不紊地做笔记,因此期末考试复习的时候,不会慌乱,更不会通宵熬夜。

尚文冷静、有条理的做事方法有助于他在学业上取得成功,同时被 8 所排名前十名的美国大学录取。他中学的应用高级微积分、物理学和生物等课程中都表现优异,在托福考试(TOFEL)、大学本科入学试(SAT)和商科 MBA 入学试(GMAT)等公共考试中都拿到接近满分的分数。

二、 沟通的技巧

美国斯坦福大学心理学家安费拉德的研究报告指出"家长与孩子单向的交流时用简单词汇或简短的语句对话,不是培养孩子语言能力的最有效方式。建议与孩子一对一互动交流时,应使用成年人的措辞和说话方式,才能启发孩子的思维能力,让孩子学会逻辑性思考,激发孩子表达内心的感受"。

　　我的经验也证实了以上的论证，润文因患哮喘和湿疹，经常缺课。我必须在家照顾他，要么就是上班的时候也带着他。因为我和润文经常是一对一独处，一对一交流，所以几乎无所不谈，讨论很多生活上的细节话题，我经常用成年人的语气与他对话。他说话的时候我就认真倾听，不打断他的思路。因此，润文在说话方面充满自信，小小的年纪他的思维和讲话就像一个成年人。每次他学会一个新词，就会应用在语言或写作上。润文流利的表达能力能够更好地帮助他整理思绪，用更有逻辑的方式去说服他人。他的情商也很高，能在任何环境下以情和理说服他人，鼓舞团队精诚合作，这成就了他的领导才能。

三、 阅读的兴趣

　　家长要让孩子拥有融会贯通的能力，使他能够举一反三，有深层次的常理通识和批判思维，最有效率的方式就是让孩子广泛阅读。阅读书籍，通过不同作者的视角，孩子能够看到更大的世界，了解人类的感情、思考模式、人类复杂的关系，学习历史并汲取前人的经验。"哈利·波特"系列图书的作家 J·K·罗琳在 2016 年哈佛大学的毕业典礼上说："阅读能增强人的想象力，使我们无须身临其境，就能洞察很多事情以及其中的真理。"

　　每天晚上，崇义为他们读故事，久而久之，燃起了他们对于阅读的兴趣，我们每周六都会光顾书店，让孩子们自己挑书。加拿大教育家派特里西亚·科兹亚在 2014 年说，"热爱阅读的孩子通常在学校的成绩都很优异，喜爱阅读也是奠定个人事业成功的关键；这种爱好不可言传，只能身教。从小，家长需鼓励孩子多阅读不同类型的故事书。"

　　润文比尚文更爱看书，尤其是喜欢科幻小说和中世纪历史。他可以一天坐在那里看书，直到把书读完，有时实在没有什么书可读，就顺手拿起一本韦氏词典看起来，因而扩大了他的词汇量、增强了他的想象力、语文写作能力和语言表达能力；在小学的时候，语文科的分数总是比其他孩子高。

　　所以，父母应该积极培养孩子阅读的兴趣，就像剑桥大学的研究发现："每天孩子完成学校作业后，若花上一个小时阅读课外书，对于孩子在校的成绩和将来的成长路大有裨益。"

四、 毅力的培养

　　印度前总理甘地夫人曾经说道："机会不会送上门来，必须自己争取。而争取机会不是靠运气，靠的就是个人的毅力和勇气。"根据我的经验，毅力是可以从小培养的。

　　拼图画板是我们培养尚文毅力的实用小工具，我们发现拼图游戏不但能培养孩子的毅力，也能培养分类能力、耐性和记忆力。尚文 9 个月大的时候我们就买了第一幅拼图游戏回家，他很快完成了 8 片拼图画板，于是乎我们买下更多的拼图画板给他。当他 6 岁的时候，已经能单独完成 1 000 片拼图画板。

尚文对于这种看起来很枯燥的游戏乐此不疲，无须我们在旁照看，他都会很耐心地完成整幅拼图。他可以坐上一两个小时，就为了选找出合适的拼图块，如果没有完成，他第二天、第三天还会继续，从不放弃。

拼图帮助尚文学会分类、分析、不断试错，也培养了他的专注力和毅力。我们还发现了其他需要组装的玩具、家用电器和家具等也是培养毅力的好帮手。崇义总是找两个孩子和他一起组装东西，通过一起阅读说明书，先了解图片和说明书，然后反复组装尝试，找到正确的组装方式，最终完成任务。

因此尚文和润文在求学或做事的时候总是很专注、耐心，面对复杂问题时不退缩，很坚毅地寻求解决方法。

五、 卖掉"超级马里奥"游戏

尚文和润文从小就对家庭开支情况心中有数，也不盲目和同龄人攀比，小心翼翼地规划自己的零花钱。在他们小时候，我就告诉他家庭的收入和支出情况，什么我们可以负担得起，什么我们不能负担。我甚至告诉他们家庭房屋的贷款金额，每月还款的利息，让他们知道我们不能乱花钱在不必要的生活用品上，父母为什么不会一下子把他们所有喜欢的东西买下来，满足他们的欲望。

1990 年，任天堂一代和 Saga 是当时最流行的游戏机盒，很多孩子甚至成年人都喜欢玩"超级马里奥"的游戏。任天堂很快又推出二代游戏机盒，速度更快，画质更清晰，但是第一代与第二代的游戏是不兼容的。当尚文、润文提出更换新的游戏机盒和游戏光盘时，我告诉他们首先他们要卖掉旧的机盒和之前所拥有的游戏光盘，我们才会补贴新旧机器的差额。

看到班级的有些同学对第一代机盒和游戏光盘仍有需求，他们俩很快开始行动，列出机盒和游戏光盘标价清单，第二天在校内派发，吸引了大批同学买家预购。买家就在货品签下名字，第二天付钱拿货。

整个过程很顺利，兄弟俩分工，在学校户外活动场所进行交易。尚文要求买家排好队，按着卖游戏的订单，按次序分派游戏光盘给买家，润文则负责收钱。一天之内就完成了交易，赚了几百元钱。周末，兄弟俩很开心地去"开心反斗城"玩具店买下第二代的游戏机盒和几个游戏光盘。

孩子小时候有着很多的愿望，若他们明白父母亲没有万贯家财来满足他们的要求，他们会学着克制自己的欲望，靠自己的努力去实现自己的梦想。这个销售经历让兄弟俩明白金钱的价值和销售的窍门，领略成功销售的程序，锁定销售的对象客户，制定合理的定价和交收的程序，这是一次很有收获的体验。

成长路上，孩子都期望拥有与同龄孩子相同的物质条件，他们若明白父母没有丰厚的收入来满足他们的要求，就会学着克制自己的欲望，意识到将来必须靠实力去实现自己的愿望。

六、 精选课外活动

依我的经验，父母为孩子选择课外活动，应按照一条规律就是"贵精不贵多"。给孩子选择课外活动时，需要根据孩子的体质、兴趣和天分来定，而不是"人云亦云"，参加无数的课外活动班。因为太滥的活动占用孩子单独自处、探索世界和休息的时间，使得孩子虽广泛涉猎但无一精通。

如今的孩子甚至只有几个月大，父母就为他们报读了各式各样的兴趣活动班，比如外语会话、手工艺、音乐、体能运动、骑马、舞蹈甚至是计算机程序设计等，认为让孩子从小接受各种训练，长大后便会多才多艺，在学业和事业上比同龄人占据优势。我们也曾经拥有同一样的观点，认为孩子不能浪费课余时间，用尽一分一秒报读活动班，让他们拥有广泛的兴趣，最好是文武全能。

尚文出生的时刻,刚好是美国网球公开决赛的时间,比赛打得如火如荼,瑞典名将比约恩·柏格获得冠军。崇义是个网球手,我们看到比赛,便在心中埋下一个梦想,希望尚文将来能成为网球冠军。4 岁的时候,就开始让他参加网球课,并且坚持了11 年。

崇义和我期望尚文十项全能、全面发展。尚文 9 个月大的时候,我会带他去社区图书馆,参加早上阅读故事和唱歌的活动班。3 岁送尚文去托儿所,下午带他去参加各种各样的课外活动:音乐、滑冰、游泳,周六早上参加两小时中国语文和一小时的私人网球教练班。6 岁时又增加了在社区公园举办的足球和棒球班,冬天则参加滑雪班。可以想象,平常的尚文有多繁忙,只有周日才有时间放松和休息。

我们像候鸟一样带着尚文、润文到不同地方上活动课,直到1988 年 9 月,润文出了车祸,我们的精力与时间都集中在润文的康复上,才减少了尚文的课外活动,只剩下游泳、网球和中国语文班。

尚文和润文频繁的课外活动,让崇义、我与孩子也累得透不过气。反思我以往的行为,这些课外活动是否有利于孩子的成长呢?能否让他们在申请大学或工作获得优势呢?如果时光倒退,我会让孩子们选择自己最喜欢的领域,然后专注一项,深度培养他们的兴趣。其实孩子课外学习太多,消耗很多时间和精力,他们就会变成"周身刀,无张利"。

一天只有 24 小时，孩子课外学习太多，会消耗很多时间和精力。如果孩子能兼顾学习和课外活动，两方面表现都很出色，就可以继续维持现状；一旦课外活动太频繁，孩子的学习有退步，家长就必须做出取舍，放弃一些不必要的活动，切记不要本末倒置。

但是，课外活动也还是有益处的，尤其是体能的活动，能帮助他们在日常的生活中化解压力和苦闷，而且还有可能变成他们一生的兴趣爱好。一直到现在，尚文都喜欢网球和高尔夫球的运动，润文则喜欢户外的爬山和滑雪。

七、 成绩滑落

孩子学业成绩滑落是每一个家长都可能遇到的问题，也是最头痛的事。尚文和润文也有过成绩滑落的阶段，老师对他们的表现非常担忧。我的经验告诉我，家长面对孩子成绩不理想，最重要的是沉着冷静，寻找成绩滑落的原因，最好是请教老师补救的方法。必要时，也可以考虑聘用辅导老师。

尚文高中二年级时，化学老师往家里送了一则通知，说尚文最近总是迟交作业，期中考试成绩分数低，几乎处在不合格边缘。而润文高中三年级时，应用微积分老师预测，最近几次期中考试成绩不甚理想，如果再不奋起直追，他大学入学的公开考试

(Advanced Placement Test)的分数会很低,会影响润文申请大学选科的资格。

我二话不说立即约学科老师面谈。

1. 会见老师

老师们都是接受过教育学院的专业培训,对于孩子在校的情绪、学科底子和理解能力比一般父母更清楚。会面时,我首先聆听老师对孩子的评语,实际情况和问题的叙述,然后我会细问老师:孩子在课堂内的行为是否专注?是否学科的基础不足而导致不理解科目的内容?是否经常性欠交作业?迟交作业的次数是多少?老师们也很乐意提供针对性的建议,想办法帮助孩子解决成绩滑落的问题。

回到家,我不会呵斥或惩罚他们,而是会心平气和地把老师的建议告诉孩子,并查问成绩滑落的原因,讨论采用什么方法去补救。之后我会继续观察他们家庭作业的评分,如果是有进步,我便放手不继续监督,因为我希望他们能主动面对问题,寻找一套合适的解决方案,对自己的学习负责。

在谈论中,我从来不建议聘请辅导老师或上课外辅导班,除非是孩子主动提出,我才会答应。

很幸运的是,尚文和润文学业倒退的原因不是学科基础薄弱或理解能力有偏差,而是因为他们不专注。当他们改正了懒散的毛病,成绩也有了显著的进步,在期末考试的时候,获得了乙和甲—的成绩。

2. 课外辅导

当然不是每一个孩子都有能力在短时间内有改善，尤其是孩子本身的学科基础薄弱或理解能力有偏差，遇到这样的情况，父母便需要聘用辅导老师对孩子薄弱的学科进行指导。

在孩子开始接受辅导前，家长应该向孩子和辅导老师强调：第一，辅导的目的是为了让他了解学科内容，而不是替他完成作业；第二，辅导只是暂时性的，孩子一旦赶上了班级进度，能够独自完成功课，就会在下学期停止辅导。

这样就不会养成孩子的依赖性。

3. 暑期班

我们也用过其他补救的方法，就是让尚文、润文在学校举办的暑期班选修薄弱的学科；暑期班修读过后，尚文的英语文学和润文的微积分都有了明显的进步，他们在大学入学的公开考试和大学预修课（Advance Placement Course）的成绩都拿到优良的分数。

第七章

生命中的良师

在尚文和润文的小学阶段出现了两位良师——罗利·麦克劳老师和格罗·金老师，麦克劳老师发掘了尚文的数学潜能，修补了尚文英语写作能力，金老师则纠正润文的时间管理方面的不良习惯。有赖两位老师的悉心指导，花了大量时间教导和鼓励孩子，扭转了尚文学业下滑的趋势和润文的陋习，尚文的学业成绩从中庸变为优异，润文从做事漫不经心变成有时间观念。直到现在，崇义与我都衷心感谢他们。

一、 罗利·麦克劳老师

麦克劳老师在尚文小学 4 年级的时候发现了他身上的潜力和薄弱点。用自己的力量鼓励尚文不断前进。让尚文的学业来了一个 180 度的转变。

男孩在语言表达方面比较晚熟，尚文表现尤其明显，再加上我和崇义相信即使生活在国外，孩子也不能忘记中华文化的根，在家我们只用广东话与尚文交流。尚文从托儿所至小学四年级，英语词汇很匮乏，无法说流利的英语以及表达自己的想法。所以在教室时很少参加集体讨论，也不怎么和同学们交谈；只有在课间休息与男同学玩游戏时，才使用单个的单词或简单的句子。

语文基础薄弱极大地限制了他的写作能力和对其他科目的理解。在他一年级的日记中，经常只能写这样简单的一句话："今天我与我的朋友尼古拉斯、约翰一起打球（Today I played hand ball with my friends，Nicholas，Michael and John.）"。

从一年级到三年级，尚文的语文课成绩总是丙等。我和崇义为他的语文成绩担心，但是又不知道如何补救，只能鼓励他多阅读语文故事。直到他上四年级，遇到班主任麦克劳老师，才出现了转机。

麦克劳老师的帮助改变了尚文的学生生涯，提升他的学习能力，改变了尚文的自我认知，帮助他建立自信。麦克劳林老师在学期开始就注意到，尚文的逻辑能力很强，能很快理解数学概念，于是安排他在自学四年级以及五年级数学课程。上数学课时，尚文坐在教室角落，自己看课本，并完成章节后的练习，之后就参加章节测验，如果得到 90 分以上，就学下一章。

自学的过程大大增强了尚文的自信，班上同学也对他另眼相看，认为他是数学才子，经常向他请教数学问题。

之后麦克劳老师也开始关注尚文的语文弱项。鼓励尚文阅读各类语文故事书,在写日记或作文时多用新的词汇和复杂的句子,加入更多情节变化和人物描述。在她的指点和鼓励之下,尚文愿意花时间在写作和阅读上,语文成绩有显著进步。

麦克劳老师发现了尚文身上的潜力和薄弱点,鼓励尚文不断前进。数学上取得的成绩让尚文体会到成功要靠自己争取。在小学六年级,他在生活常识课写了以下段落。

生命中的时间

作者:熊尚文(摘录自六年级的一诗篇作业)

您的生命

用时间去学习新的知识　　专注学习

用时间与朋友尽情玩乐　　切记安全

用时间去帮助弱势的人　　尽己的力

用时间去爱护您的亲人　　全心全意

用时间去完成眼前工作　　用心去做

生命是您的　　用自己的力量成就美好的人生!

早期的数学技巧与阅读和理解能力的关系

"数学成绩是预测孩子将来学业成绩的重要指标。孩子早期的数学技巧不仅展现了他的数学天赋,而且也能推测他的阅读和理解能力。其他变量比如智商、家庭收入、性别性格、教育背景等也不会影响着这个预测。"

来源：美国西北大学教育研究学者葛列格·杜康的报告

到今天，他都实践着自己的座右铭："人只活一次，应该努力追逐梦想，这样当自己离开这个世界时就不会后悔。"

二、 格罗·金老师

润文做事拖拖拉拉，对时间没概念，总是漫不经心。同样一份作业，尚文花15分钟完成，润文则要用上1小时。而且他坐不住，不能安静学习超过10分钟，任何一点动静都会分散他的注意力。监管他做作业实在是痛苦，每隔半刻钟，我就得把他叫回桌前写作业。

润文还有点完美主义，会反复修改一篇文章直到他认为满意为止。让他完成作业真是困难重重。

所幸润文遇见了一位好老师。在温哥华天主教学校上四年级的时候，班主任金老师对学生非常认真负责。她在课堂中发现了润文的毛病，她主动约我和崇义，见面商量对策，提议我们携手帮他改正缺点。每一份作业，她都定下预计完成的时间，我们则记录润文实际完成时间。如果超过预计时间，金老师就会要求润文在规定时间里重写作业。反复多次,润文明白了拖延的代价,金老师用这个方法监督了润文 6 个月,让润文对时间有了观念,并意识到了自己拖延的毛病。

我们很感谢金老师对润文的帮助,纠正了他的陋习,为今后的学习和工作效率奠定了基础。

我的母亲

作者:熊润文(摘录自六年级的一篇家庭作业)

影响我最深的人是我妈妈,我爸爸与我是有着共同的信仰,而妈妈则是没有宗教信仰的,是她教导我明辨善与恶。年小时,我的性格急躁和顽固,母亲很严厉管教我,要求我循规蹈矩,当我犯了错她不会苛责我,总是拉我坐在她的身旁指出我的错误。

那时候我对学习不专注,经常不听从我母亲的忠告,总是我行我素。母亲经常提醒我:"当别人说话时,我们需要细心聆听,因为从交流中,可以领悟别人的智慧。"听了后我都置于脑后。

我母亲便开始用说故事的形式引起我对人与事的兴趣。

每天晚上,妈妈会讲故事给我听,我最喜欢的故事是《西游记》。因为故事描述孙悟空,猪八戒,沙僧帮助唐僧取经的旅程,途中唐僧教导孙悟空控制猴子的本性,不受物质的诱惑,学会守法纪,最终修成正果,成为一个民间助弱扶贫的英雄。

唐僧的教导方式是每天要求孙悟空熟读佛经的每一节。因此我也开始阅读"圣经故事"，我被这些故事人物深深吸引，每周有空我便翻阅"圣经故事"。

中西合璧的故事中人物的生命过程使我领悟到人生是什么，使我理解别人的感受。如果没有母亲的中国文化熏陶，我相信不会有今天的我。

第八章

E 时代诱惑难挡

E时代的来临,给生活带来方便也带来无休止的干扰,信息娱乐泛滥,导致现代人做事不能专注,时间也总是觉得不够用。加上E时代的产品五花八门,为了追上时代脉搏,我们不能禁止孩子用电脑做作业,用手机交流和玩网络游戏。父母若不在孩子年幼时开始监管,很多青少年会沉迷在网络世界,变成自闭青年,终日在家独处,消磨时间,尽毁前程。

尚文、润文成长的时期恰好是电子产品刚刚兴起的年代:电脑、电邮、ICQ、电子游戏、社交网站,不一而足。20世纪80年代电脑开始流行,那时的网速如乌龟爬行,存储量很小,下载一个应用软件要等上3至4个小时,电子游戏的载体必须是光盘。因为电脑的硬件存储器追不上软件的容量,所以当时尚文和润文玩电子游戏或浏览网站还比较容易控制。

经过20年的发展,现在又是另一番光景,如今硬件配套升级,网络高速公路建成,平板电脑或一部手机的功能就相当于一台个人电脑。网络信息、电视剧、纪录片、网络游戏、社交网站无时无刻不在分散孩子的注意力,在这种情况下,家长应该如何安排孩子的读书、活动和休息时间呢?

当孩子逐渐长大，他们拥有了自主性，家长就要步步为营，设定时间表，什么时候看电视、玩游戏，让他们建立自律。在这，我想分享我应对各式媒体轰炸的经验。

一、 五花八门的电视节目

家长要控制孩子看电视的时间。电视节目通常是孩子最先接触的媒体类型。还记得尚文一岁半的时候，电视播放他最喜欢的卡通片，他就会放下手中的玩具，安安静静地坐在电视机前。让我明白到要早一点规范他看电视的时间，他就会早一点建立自律性。

孩子还没有上学的时候，我只允许他们每天早晚各观看一个半小时的电视节目。其他时间电视都是关着的，比如吃饭的时间。周六晚上是例外，我们一家人会观看租回来的电影录像带。

到了孩子上小学到中学，每天有两个时段我会允许他们看电视节目：下课回家后的一个小时和晚上完成作业后的时间。我们一直坚持这样的习惯。

二、 泛滥的网络信息

家长要控制孩子使用平板和个人电脑的时间，对其观看的内容也要严格监督。

我认为在让孩子接触平板和个人电脑之前,父母需要培养孩子养成阅读故事书的习惯和兴趣。一旦本末倒置,他就会被网络的图像化和娱乐性吸引,从此他便会对阅读失去兴趣,因为文字描述的情景要通过他的想象力才可以领会,网络有图像和精短的文字,他无需动脑筋就可以明白。

除此之外,长期盯着电脑屏幕、平板电脑屏幕或手机屏幕会影响儿童的视力、颈椎和身体发育。长时间盯着电子屏也会影响睡眠和视力,常把 iPad 或手机抱在手上,变成低头一族,身体蜷曲,脖子前伸,留下很多后遗症。长期看着电子屏会导致青光眼、视力丧失、神经受损,也会导致颈椎、腰椎移位或退化变形。但是如今很多家长在忙碌的时候,为了让孩子安静下来,就扔给孩子一个平板电脑,把它作为看管孩子的“保姆”。聪明的孩子意识到父母实际在放弃管教,他们就可以尽情沉浸在喜欢看的东西、玩的游戏、娱乐的世界中。

在尚文和润文幼年时,我们就设定每天娱乐的时间表,并严格执行,控制他们玩游戏、看电影、上网的时间。

网络的内容更是眼花缭乱,有的是益智的,有的却会荼毒孩子的思想和心灵。因此我与崇义都严加监管他们下载的游戏、直播平台或浏览的网站,因为很多免费游戏、电影和网站都充斥着“赌博、暴力、色情的文字或照片;教唆犯罪内容;内容都是宣扬淫秽、色情、危害社会的行为;诱骗孩子购买虚拟的产品或礼物。"这些娱乐内容并不适合未成年儿童长时间观看或参与，会影响他们未成形的道德观和价值观，误导他们的日常言行。我们一旦发现娱乐的内容不适合孩子，会马上与他们讨论，要求他们删除这些娱乐内容。

三、 沉迷网络电子游戏

为防止孩子成为自闭青年，我们很严厉监管他们玩电子游戏的时间。从小就控制他们，不能随时随地让他们玩电子游戏。但是在这个电子的年代，是很难完全禁止他们上网玩电子游戏，尤其是男孩子。

最开始，我们对电子游戏有些抗拒，因为玩游戏很容易上瘾。孩子一旦成瘾，会对他产生诸多不利影响，上课难以集中注意力，在阅读比较枯燥的书籍时缺乏耐心，做家庭作业时容易分心。最严重的后果是，孩子沉迷于虚拟世界，在游戏的胜利中获得满足感，这样孩子就不愿回到现实生活和朋友们多接触。或许高中课程勉强还能应付，上大学之后如果还是沉迷于游戏，成绩必定会一落千丈，导致多科目不及格甚至遭遇退学。

玩电子游戏已经成为青年社交的重要话题之一。青年的话题往往离不开电子游戏。如果他们不具备这种社交软实力，就会被同龄人排除在外。玩电子游戏也有其他的优点，比如训练他们"一心多用"和"一眼观七"做事的能力，手脑协调，从不全的资料中怎样快速做出判断，选择路向。

所以任天堂在 1983 年推出"超级马里奥"的游戏之后，我们就给买了任天堂的游戏机盒和几个游戏回家。

尚文的性子是做了一件事就会坚持下去，而一旦玩上游戏，就完全入了迷。如果一局游戏失败了，就接着玩，直到打入下一关。如果不对他玩游戏时间加以控制，他就会一直玩，到了睡觉的时候还不愿意放手。所以我定了规矩，在周一到周五写完作业之后，他们可以选择看电视节目或玩电子游戏，每次的时间不得超过 60 分钟。

青少年玩网络游戏可能有助促进
数学、阅读、科学等学科成绩

澳洲墨尔本皇家理工大学经济学、金融和市场营销学院副教授波索（Alberto Posso）的研究报告发表于《国际传播学刊》。依据 2012 年度澳洲 1.2 万名 15 岁青少年的"国际学生评估计划"（PISA）学习水平表现，探究使用互联网习惯和学术成果关系。分析显示，几乎每日玩网络游戏的学生，数学分数较平均高 15 分，科学则较平均分高 17 分；每日上社交网的学生的数学科成绩比不上社交网的学生的数学分数则低 20 分。

波索教授分析，玩网络游戏时需为升级而化解难题，需用上一些基本常识和白天在学校学到的数学、阅读及科学技能。亦不排除爱玩网络游戏的孩子，本身就具备在数学、科学和阅读方面的天赋。另一方面，经常上社交网的学生可能本身已是学习不佳的学生，不喜欢数学、阅读和科学，因此宁愿上社交网。

来源：法新社/澳洲广播公司

四、 手机：24 小时的即食文化

在尚文、润文最开始接触电子产品的一刻，我们就跟孩子确定了规矩。

现在最能分散孩子注意力的应该是智能手机，手机把电话和电脑功能集为一体，随时随地可以玩游戏、浏览社交网络、看网络直播、在线购物。手机软件比如微信、What's App、Line 等让我们与多人即时对话，免费互转短信、照片、短片。现在的青少年和成年人都对这些互动交流和娱乐内容趋之若鹜，深陷其中而不能自拔，在任何场合都变成"低头"一族。

现在很多家长都给孩子买了手机，但我认 12 岁以下的孩子拥有手机对他们弊大于利，因为这会影响个人的专注能力，说话技巧甚至人际关系。手机对孩子学习的影响既深且远。

第一，做事不能专注：手机不间断传来的铃声、短信和电邮，孩子难以控制不去查看和回复。来电无论是讨论作业或闲谈都会干扰孩子的注意力，甚至打断他们的思维，完成每一事情的时间可能比原来多上一倍。

第二，影响语言表达能力：手机短信有自己一套手机简化语言，常用的都是通俗的词汇和肤浅的句子，多用后会使孩子对阅读书籍或文章产生抗拒，语言和写作表达能力会相应变差。

第三，减小户外活动时间：孩子有手机在手，大多会选择留在室内，或打游戏，或网上聊天和购物，户外活动的时间相应减少。这对青少年的发育成长大为不利。

建议先培训孩子对手机的自律能力，再考虑给他们一部手机。孩子进行娱乐的内容和时间要受到约束，到了青少年期他们就会养成自律、乐意遵守的好习惯。正因为坚持了这一规定，尚文、润文的中、大学成绩都没有倒退，并且我们也很少为了手机问题而产生争议。

成人，孩子都容易手机成瘾

2016 年非营利机构美国 Common Sense Media 发布的一份调查报告显示："美国 8 岁至 12 岁孩子，他们每天花费约 6 小时使用网络媒体。而 13 岁至 18 岁的孩子，他们每天约花费 9

小时使用网络媒体。该行为导致孩子与父母的关系变得紧张。

超过50％的美国青少年对手机上瘾,这严重影响孩子家庭作业的质量,因为他们看到消息就会想到立即回复。多任务操作会降低青少年的专注和记忆能力,习惯用手机短信交流会减少与朋辈面对面的交流,最终影响青少年的社交能力与同理心。手机上瘾这个问题会让父母和孩子产生矛盾,甚至经常发生争执。其实,不只是孩子,一些父母也同样对网上娱乐和信息着迷。"

来源:新浪科技讯

第九章

社交网络的陷阱

如今的社交圈已经不同以往，过去孩子只与邻居、校友来往。现在可以通过社交平台和任何人接触。人在寂寞的时候，理智是很脆弱的，容易把外人理想化，坠入预设的圈套，男孩子会被黑社会利用，参与盗窃、诈骗、贩卖毒品、走私禁品等违法犯罪活动，而女孩子则可能被甜言蜜语蒙蔽、被非礼或强奸等。在中国和欧美等国家有很多此类案例，很多青少年离家出走，认为网络上认识的朋友比父母更关爱自己，无须再受父母的管束。结果这些网上认识的人都是骗子，孩子一旦踏入他们的圈套，不但人身会受到伤害，一生的前途和幸福也会被摧毁，甚至赔上性命。

　　在两个孩子上大学前，我已经对孩子说明他们需要在社交网络上保护自己，不要胡乱发布夸张的言论、政治色彩的文章，以及与友人亲密照片和视频等，避免不可设想的后果。

一、双刃剑

　　如今的人们喜欢在社交网络如脸书、微信、微博和博客等分享自己的生活照片、感想和观点。殊不知这些资料将变成双刃剑，顶级大学和大型的公司机构也会检索个人的社交网络，观察这位申请者的本来面目和价值观是否符合要求。而之前个人分享到网上的信息、影像和视频，一直在网上留存，不能随意删除，会成为个人的操行和修养的见证，对自身前途带来意想不到的影响和后果，甚至有些人因承受不了网上的嘲笑和言论，赔上自己的生命。

二、 上传网络的视频

一个活生生的例子。

2016 年 9 月 16 日英国广播公司报道，一名 31 岁的意大利女子提兹安娜（Tiziana Cantone）饱受网络暴力折磨而在家自杀身亡。事情缘由是在 2015 年，她不甘心被前男友抛弃，把她和一名友人的性爱影片传给前男友，期望借此引起前男友的关注。可是该视频很快在网上疯传，累积近百万网民观看和点评。经过一年的法庭申诉，最后裁决她拥有"被遗忘的权利"，要求各网站和搜索引擎移除该短片。但是提兹安娜经不起网民的羞辱和嘲笑，最终患上忧郁症，走上自杀之路。

对此，意大利资料保安局局长索罗说："许多人对社交网络的危险浑然不知，那是个无边际的世界，我们一旦发表评论、上传照片或视频，之后要从这些网站移除这些档案是非常困难的。"

　　这个例子证明青少年需要警惕自己在社交媒体上的言行，懂得保护自己的隐私，因为这些言行会陪伴他们的一生。

三、　网络欺骗感情和诈骗金钱

　　此外，很多人通过社交网站加入您的好友圈，套取个人信息，获取住址和手机号码等，以此欺骗感情和诈骗金钱的比比皆是。青少年和成年人尤其是年轻女生一般不知世间险恶，误信这些关怀，认为这些人是发自真心的，是善良的。身为父母的我们要告诫子女避免与在网络认识的人见面和交往，不要掉进这些不法分子设置的圈套。

四、　网络霸凌的行为

　　每一所学校都有霸凌的情况出现，选择的对象通常都是比较内敛、害羞和不合群的学生，霸凌者用难堪的语言奚落、孤立受害者，使受害者自尊受损，有些甚至走上自杀之路。

　　那么怎样防范孩子掉进陷阱呢？

　　最有效防范的方法莫过于预防。在适当的年龄，让孩子行使他们自由的权利，让他们知道需要对自身的行为负责。在释放自由权利的过程中，父母必须在旁监管，懂得一收一放，有奖有罚，才会有效。

为防范以上事情的发生，家长应该多与孩子交流，关注孩子的社交情况与学业成绩。交流最好的时间是每天的晚餐或周末的午餐，家长需要静心聆听孩子在餐桌的说话内容，从而推测他在校内和校外的社交生活及他的内心世界。

一旦孩子的社交圈中或学业出现了问题，他们性格和行为会变得内向、压抑，同时难以入睡或对什么事都提不起兴趣，这些都是孩子心情落入抑郁症的信号。这时，家长应该及时和老师联系，探讨孩子在学校的社交和学习问题，尽快帮助他找到解决困局的方法或是马上送医治疗。

社交网上的预设陷阱

近年，有不法之徒以网上交友为名，向认识的人进行强奸、非礼、刑事恐吓、盗窃或诈骗、威逼等行为。这类型案件的犯案手法层出不穷。案例一：女事主在交友平台认识男网友，在网上倾谈期间，答应对方的要求裸露身体，最后遭威胁进行性交及利用亲密关系用不同借口向事主索取金钱。案例二：男事主为了挣不劳而获的金钱或不义之财，在网上认识不法之徒，被诱骗赌博，或被引导从事网上行骗、盗窃、走私或贩毒等行为。

来源：香港警务处网站摘录

第十章

性教育

孩子生理上的青春期大部分从 12 至 13 岁开始,他们意识到自己身体的变化,男孩女孩都开始出现明显的第二性征,对性行为也会产生好奇心。到了这阶段,他们会面临青春期的各种问题:与异性交往、约会、性交,还有喝酒甚至吸毒等问题。身为父母需要提早给他们灌输自我保护和自我约束的意识,防范他们走上受伤害和伤害别人的路,摧毁了自己的前程。

我又是怎样防范尚文、润文的青春期问题呢?

一、 约会

在孩子念高中时,我从不反对他们与女生交往,也不鼓励他们与女生约会,只是顺其自然。一旦发现他们对某一女生有好感,开始多次单独约会同一女生,我便会与他们约法三章:第一,约会的时间仅限于在学校上学的时间,星期六、星期日必须留在家里复习或做作业;第二,晚上不能长时间跟女生通话；第三，每科必须交出好成绩，不然的话他们就会丧失与女生交往的权利。

尚文在高二时认识一个高三的女生，这个女生的母亲极力反对他们交往，最后这女生一毕业，这段感情就告一段落。润文比较早熟，在高一就与一位同年级女生来往。这女生与她的父母有很多矛盾，导致她情绪不稳定，晚上经常致电润文诉苦。因此，我每个晚上都定时监管润文，防止他因为男女感情而耽误学业。

所谓的"失恋"是最令青少年痛苦的，很多年轻人因为承受不了感情的失落，而做出伤害当事人或自己的傻事。我们能经常看到类似的新闻报道，某男性不能接受分手的事实，用暴力伤害或杀死女朋友或妻子，然后自杀。父母要避免这些不幸事件发生在子女身上，就需要提前给孩子"打预防针"。我们的做法是在孩子 9 至 10 岁时，告诉他们男女朋友从恋爱至分手的原因是很多，有些是他们无法控制的。与至爱分手又不是世界末日，世界这么大必定会寻觅到另一位自己喜爱的女生。不必因为失去一位至爱而太伤感或落寞，第二位会在适当的时间出现。

我们也告诉孩子，当与对方分手时，需要给对方一个清楚的理由，然后果断地断绝所有的电话交流和往来，避免关系拖拖拉拉，给对方造成不必要的误会。

二、 性行为

青少年一到青春期,就会对异性产生好感,对性行为充满好奇,脑子充满着性幻想,这是生理使然,是人成长的必经阶段。调查研究显示,85%的青少年在 20 岁前有性行为经验,我们作为父母也必须接受这事实。需要提早给孩子科普性知识,加拿大小学 2~3 年级已经开始讲解人体结构、男女性别特征和婴儿怎么来的等知识;到初中高中,老师会更深入地讲解男女感情、性行为的后果、生孩子及有关性疾病等知识。

什么时间最适宜进行性教育呢? 又怎样加强他们性保护的意识呢?

很多家长都认为性教育是学校老师的责任,甚至觉得难以启齿。其实家长是最好的老师,建议在孩子 10 岁之前进行性教育,因为这个年龄段的孩子最容易吸收新知识和最愿意听从父母的指导。

在尚文四年级的时候,我给他描述了男女生性交的行为和性行为的后果,性交可以让女生怀上孩子,小小年纪便要承担做父亲母亲的责任,同时性行为可能会让人感染各类性病甚至艾滋病,因此在发生性行为时必须懂得保护自己和对方。

唯一保护男生或女生是每次性交时带上安全套，为了加强他们的意识，我特意在尚文 10 岁的时候给尚文、润文各几个安全套，告诉他们怎样使用。又告诉他们每次性交时，必须负责任地带上安全套。而女生唯一保护自己的方式是自己准备安全套，在性行为之前，女生必须要求男生使用安全套。

现今手机的照片已经成为个人生活的日志，父母需要提早告诫孩子，切忌把自己或对方的亲密照片和性爱短片，发布至社交网上，因为一上传便会在互联网传播，无法删除。

三、 约会强奸

现今孩子生理上都很早熟，10 岁的女孩都可以怀孕。很多青少年很小就已经有性行为的经验。对于男生来说这是一个危险，因为如果他们与 16 岁以下的女生性交，不管女生同意与否，男生可能都会被指控与 16 岁以下女童性交，这属于犯罪，可以被判处入狱。此外，最近的"我也是"（Me Too）妇女解放运动，18 岁以上的男士如果在没有得到对方的同意下性交，会蒙上强奸的罪名，为此很多美国青少年而被女方父母控告。

因此我在尚文、润文念高中和上大学前告诫他们，首先要确

定女生年满 16 岁,其次在与女生发生性行为前,必须先获得女
生明确的同意,最后才能行事。

四、 醉驾、遭遇下毒

到酒吧或卡拉 OK 场所喝酒已成为年轻人的主要娱乐方
式。尚文、润文在高中的时候已经开始饮用酒精类饮品。我警
告他们喝酒要适量,不要豪饮和经常喝,因为过量的酒精会伤害
肝脏,造成肝硬化或肝癌。

同时,喝酒以后不要开车,因醉驾发生车祸,严重时伤人,刑
罚是很重的,将判处 3 至 5 年不等的有期徒刑,这样孩子的前程
便尽毁。我警告他们每次与朋友外出喝酒,多过两杯以上,必须
坐出租车或由友人送他们回家。

另外,在派对中,很多不法分子恶作剧式地把毒品或麻醉药
放进酒杯内,人一旦喝了,会不省人事,随时会有生命危险,或者
被强奸。这事也曾发生在润文身上,所幸及时被尚文发现把他
送到医院,主诊医师怀疑他喝了给马匹服用的麻醉药。他昏睡
了两天两夜,现在想想都觉得可怕。

喝酒时,青少年唯一保护自己的方法是视线不离开酒
杯,尽量与熟悉的朋友一起参加活动,喝酒时互相照看和
保护。

五、 毒品

　　加拿大小学的每个教室都挂着一幅海报，写着"对毒品说不"，从小就灌输孩子须远离毒品。在尚文、润文青少年时，我也反复对他们强调毒品的害处，服用毒品会损害身体健康，破坏脑神经，造成尿失禁。我的最低期望是他们的意志力能长期抵御毒品的诱惑。

第十一章

美国斯坦福大学 MBA 毕业生的未来人生

经历多年的起伏，最终尚文、润文凭着自己的实力，克服一切学业上的困难，向自己订立的目标大步前进。他们俩很幸运被美国斯坦福大学商学院录取，因为教授们的鼓励，他们都忠于自己的兴趣，勇于去选择自己事业的方向。

　　尚文和润文深知拿到世界知名学府的 MBA 学位能帮助他们在商界立足。MBA 课程不但可以拓宽视野，也让他们有机会转变职业的方向，成为职场的敲门砖，为事业打开很多扇窗，因为一般跨国公司都乐于招聘名校商学院的毕业生，对毕业生的智慧和工作实力都充分信任。

　　兄弟俩渴望进入美国斯坦福大学商学院，但是进入斯坦福大学商学院的竞争非常激烈，绝非易事。第一，尚文、润文既不是美国本土公民，也不是商业巨头或是政治家族的后代。第二，与哈佛大学商学院、宾夕法尼亚大学商学院等相比，斯坦福大学商学院的班级人数最少，一届只有 350 个名额。2005 年尚文申请时，来自不同国家的申请者多达 7 500 名。而润文申请的那年就更为激烈，申请者的平均录取率只有 4.6%，录取华裔学生的比率更是低于 0.025%。

他俩最终顺利进入斯坦福大学商学院，主要原因是他们都是有备而战，读本科的时候就开始为申请 MBA 做准备。他们以优异的本科成绩毕业，拿到 MBA 公开考试的高分数，凭着过往的优异表现和他们独特的人生哲理，让他们有幸被斯坦福大学商学院青睐。

一、 主修课程

尚文、润文两人在大学选读了所在大学最出名的学科专业：尚文在宾夕法尼亚大学的沃顿商学院就读并同时修读计算机学士课程。润文在卡耐基梅隆大学工程学院以 4 年半时间完成电机工程学士和管理信息系统学硕士课程。他们俩都以最高等成绩毕业。

二、 暑期工

从大学一年级开始，尚文和润文就积极寻找暑期实习的工作，暑期工的工期通常是两个至三个月不等。通过学校就业办公室的电子告示板，他们向合适的公司投递简历和申请表。一般美国公司安排一次笔试、一次至两次面试。最后一关是最难

熬的,申请人被安排到公司总部,在办公室待上一整天,接受多
个部门高级主管轮流的面试。

兄弟俩自尊心都很强,但不害怕被公司拒绝,在经过一场又
一场的面试之后,最终获取了职位,当时每月实习工资是3 000至
4 000美元。大四那一年的 10 月,他们凭着过往暑期工的优越表
现,收到了多家公司的全职聘任书,无须为寻找心仪的工作费神。

三、 GMAT（美国商科硕士的公开入门考试）

在念本科的最后一学期,尚文和润文都报考了 GMAT,当
时他们还没考虑到要报读 MBA 课程,我相信,他们为未来做好
了充分准备,为的是提早积累公开考试的经验。

四、 工作经验

在第一份工作中,他俩都实践了自己的人生哲理:"做好今
天的工作就是为了明天工作准备。"他们不甘人后,总是力求表
现得最好。在规定期限之前完成任务,而且寻求新的任务。

在工作中,尚文擅长在不同国家市场推广分析新产品,公司
的客户对他的独到分析给予很高的评价,在他工作一年半之后,

公司提升他为项目主任，带领员工到东南亚、欧洲地区工作。而润文则超越了工作范围，在一个金融项目中，他指出了现有客户公司销售系统的不足，力荐了一个新 IT 项目的运行，成功为公司拿下新项目。他们的工作经历充分证明，他们不仅擅长学习，也知道如何将知识运用到工作中。

事业成功的密码

英国的 Go Compare.Com 调研过去 20 年全球百大富豪的特征，解开迈向事业成功的密码。

从 1992 年至现在，86％的美国百大富豪曾就读美国的哈佛大学、斯坦福大学等顶尖名校，主修学科大部分是工程、经济和商业管理。

来源：Go Compare.com

五、未来的人生

两个孩子从美国斯坦福大学商学院毕业，看着他们独立，事业开始扎根，我们深感欣慰，我与崇义这么多年的努力也有了结果。这些年来,我们一直努力为孩子们创造一个良好的环境,为他们的成长保驾护航。孩子离家后,我们与孩子的关系起了细微的变化,从父母与儿子的关系变成朋友,我时刻提醒自己是时候放手了,因为他们已经是独立的个体,不再属于我们。

孩子成人后,父母也要逐渐转换角色。避免用长辈的态度去与他们对话,交往时需尊重他们的立场,不再左右他们的决定。时刻提醒自己要当聆听者,除非孩子主动询问,否则不多发表意见,要留空间给他们,让他们当家做主,对自己的选择和行为负责,走自己的人生之路。

在此,让我借用美国重量级拳王冠军阿里·穆翰默德(1942年—2016年)的 4 句名言来说明人生成功的奥秘。

• 坚强意志

一个冠军的诞生不单只是凭着努力不懈的锻炼,还有发自内心的欲望、梦想和期望。成功夺取冠军的三大元素:充沛的精力、卓越的技能和坚强的意志。成功路上拥有意志比技能更为重要。

• 付出代价

观众只是看到我在台上的胜利时刻,不知道在胜利的背后我所付出的代价;在健身室内漫长的练习,以及经历无数次公开赛的失败。

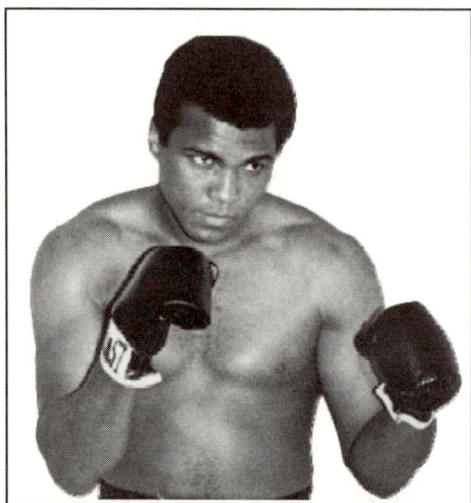

美国重量级拳王冠军阿里·穆翰默德

照片来源：a href＝"https://www.freeiconspng.com/img/2916">Browse And Download Muhammad Ali Png Pictures</a>

· 面对挫折

在这拳赛前，我从未估计我会输掉这场比赛。现在既然输了，我应向对我有期望的人交代，包括观众、经理人、亲人和朋友。我需要面对人生路途中的失败。

· 勇敢尝试

如果你没有勇气去尝试新事物或迎接新挑战，将来的事业发展只会局限在自设的框架内。

附录

教育嘉许状

（给成绩卓越的中学生，美国前总统克林顿签署）

President's Education Awards Program

presented to

Robert Hsiung

in recognition of

Outstanding Academic Achievement

Dick Riley   1998   *Bill Clinton*

U.S. Secretary of Education   *President of the United States*

James A. Handrich   Hong Kong International School
Principal   *School*

熊尚文 **Robert Hsiung**

President's Education Awards Program

presented to

Brandon HSIUNG

in recognition of

Outstanding Academic Excellence

2001

U.S. Secretary of Education

President of the United States

Principal

Hong Kong International School
School

熊润文 Brandon Hsiung

育儿如同耕耘:种瓜得瓜,种豆得豆

父母像农夫一样,要按照季节和瓜、豆成长阶段来调整浇水的次数与量,浇水太多或缺水,也会对瓜和豆造成伤害,影响其成长的节律。

父母,每天要用"适量的水"去培养孩子学问的根基,培养孩子脚踏实地地去追寻梦想,以免造成"少壮不努力,老大徒伤悲"的后果。

世界最伟大的爱：

"爱自己"

在这世界上,父母对子女的爱是最无私的。同样,我认同美国黑人女歌手惠特尼·休斯顿(Whitney Houston)在她的经典歌曲——《世界上最伟大的爱》*The Greatest Love of All* 唱出的:"世界最伟大的爱是——'爱自己',心中有了这份爱,在孤立无援时,拿出这份自爱去面对逆境,因为这份尊严常埋藏在心底,谁都不能拿走,任何处境都不能磨灭。"

　　孩子是我们的未来,作为父母,努力培养孩子"我爱我自己"。孩子有了这份爱,他懂得自爱,便会懂得爱他身边的人,爱他的选择。在他们成长的路上,能够发挥自己的优点,走自己的路。自立、自尊、自信伴随他们一生。

《世界上最伟大的爱》

The Greatest Love of All 的歌词

　　我相信儿童是我们的未来

　　好好教导他们,让他们走自己的路

　　让他们意识到自己的优点

培养他们的自尊心

让孩子们的笑声，唤醒我们的童年

每个人都在寻找英雄

寻觅一位值得我敬重的前辈

在人海中我却未遇上可以模仿的英雄

在孤单寂寞中，我学会了自立

很久以前，我已经决定不模仿别人

如果我成功，我失败

至少我依靠自己的信念而活

我坚信，不论外人夺走了我的全部

都夺不走我内心的尊严

如果恰巧遇上困难的处境

是你的梦想之地

让你身陷逆境、孤立无援

在内心处寻找自爱的力量去面对

因为内心存在最伟大的爱

我爱我自己

这就是世界上最伟大的爱

我找到了心中至高无上的爱

至高无上的爱很容易寻觅

学会爱你自己就是最伟大的爱